Elvira Hauska
Briant Rokyta

Mein Abenteuer Mediation

Elvira Hauska
Briant Rokyta

Mein Abenteuer Mediation

Sicherheit und Vertrauen gewinnen

Trainerverlag

Imprint

Cover image: www.ingimage.com

Publisher:
Der Trainerverlag
is a trademark of
International Book Market Service Ltd., member of OmniScriptum Publishing Group
17 Meldrum Street, Beau Bassin 71504, Mauritius
Printed at: see last page
ISBN: 978-620-0-76871-1

Mein Abenteuer Mediation
Sicherheit und Vertrauen gewinnen

Zum Einstimmen

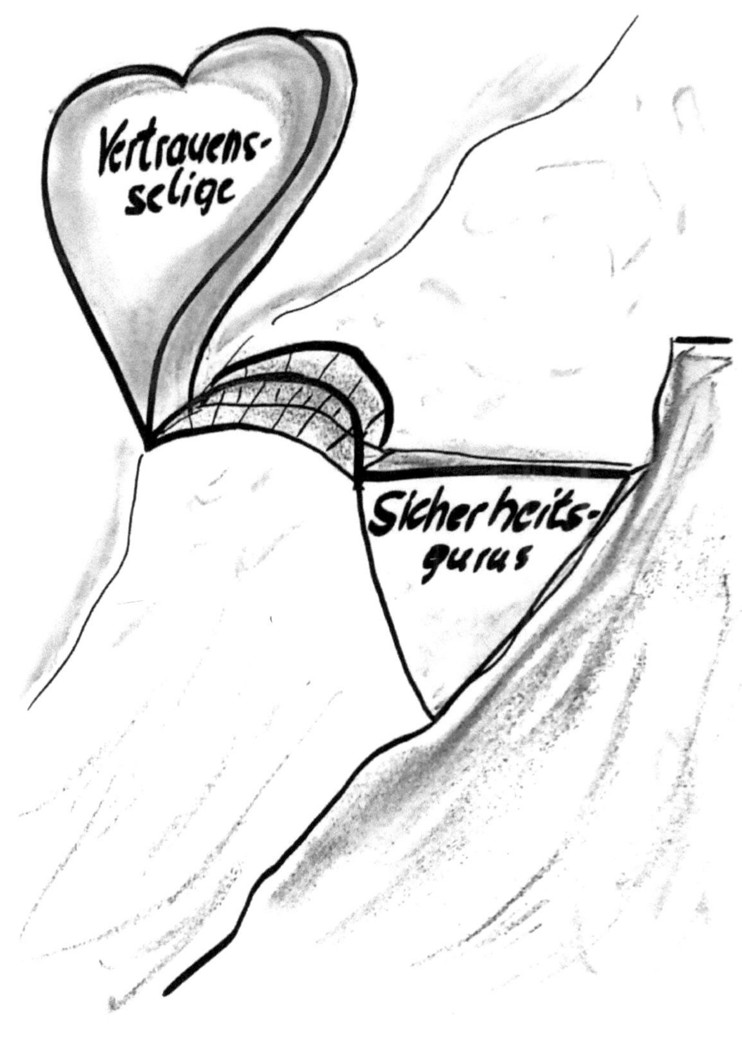

Gebrauchsanweisung für das Buch

So unterschiedlich der Zugang zu Sicherheit und Vertrauen ist, so divers ist auch der Grund, warum Menschen ein Buch wie dieses lesen (sollten). Hier finden Sie eine Auswahl an Möglichkeiten, wie Sie den größten persönlichen Nutzen daraus ziehen können.

Für Allwissende
Sie kennen ohnehin schon alles zum Thema und wissen genau, was wann funktioniert.
Tipp: Überfliegen Sie das Buch und finden Sie die Stelle(n), die eindeutig falsch ist (sind). Als wohlgesonnener Allwissender informieren Sie uns von diesem(n) Fehler(n), in den anderen Fällen haben Sie bestimmt auch eine andere Verwendung dafür.

Für Suchende
Sie haben in manchen Lebensbereichen offene Fragen zum Thema.
Tipp: Nehmen Sie einen extra Zettel, und schreiben dazu die drei wichtigsten Fragen auf, die im Zuge des Lesens des Buches entstehen.
Tipp für Fortgeschrittene: Bewahren Sie diesen Zettel auf und werfen Sie von Zeit zu Zeit einen Blick darauf. Notieren Sie, was sich verändert hat und was gleich geblieben ist.

Für Verzweifelte
Sie befinden sich schon seit längerem in einer Phase der Hilflosigkeit - zumindest was eine zentrale Lebensfrage betrifft.
Tipp: Formulieren Sie eine möglichst konkrete Frage, die mit dieser Hilflosigkeit zusammenhängt. Blättern Sie das Buch durch und versuchen Sie, anhand der darin enthaltenen Anregungen, drei Antworten auf Ihre Frage zu finden. Suchen Sie einen Weg, wie Sie zumindest eine Antwort in eigene Handlungen umsetzen können.

Für Genaue
Sie wollen alles ganz genau wissen und das Buch umfassend nutzen.
Tipp: Lesen Sie das Buch von Anfang bis zum Ende, füllen alle im Buch vorgesehenen Freiflächen aus, schauen in angeführte Quellen und notieren zusätzlich alles für Sie Wesentliches in einem eigenen Bulletpoint Journal.

„Sicherheit braucht in erster Linie Vertrauen in sich selbst."
Herbert Oth

Immer diese Diskrepanz. Unsere Vision von einem glücklichen Leben ist völlig klar: wir wären frei, mutig, würden inspirierte Aktionen in die Welt setzen, aneinander wachsen, füreinander da sein. Wir können uns und anderen vertrauen und gewinnen dadurch umfassende Sicherheit. Und dann sehen wir die Realität: in Befindlichkeiten, im Gegeneinander verstrickt, Ablenkungen, Ausreden ...

Vision und Realität. Ein Anspruch ist es, zumindest eigene Angelegenheiten auf die Reihe zu bringen. Das bedeutet allerdings auch, nicht länger die Besiegten zu spielen. Es geht darum, ins hier und jetzt zu kommen, in das Feuer der Offenheit, wachsam und verfügbar ...

Stärken leben. Es geht um Vertrauen und Sicherheit. Vertrauen bedeutet nicht blindem Wunschdenken zu huldigen, um Ängste zu beschwichtigen, sondern ist Basis für verantwortungsvolles, achtsames Handeln. Und Sicherheit meint hier etwas anderes als sich mit Bausparverträgen und Versicherungen abzuschirmen, sondern vielmehr jene Sicherheit, die entsteht, wenn wir in unserer Kraft und Schönheit sind. Deshalb ist es wichtig - trotz allen Widrigkeiten – sich selbst und andere zu unterstützen, zu befähigen und zu fördern anstatt zu beschuldigen, zu kränken oder zu verärgern. Dann kann jeder seine Befindlichkeiten, die Verstrickungen und Ausreden dafür nutzen, ein wenig mehr zu sich selbst zu finden.

Die Welt
braucht uns
in voller Kraft und in voller Schönheit ...

1 Die persönliche Standortbestimmung

Der wesentliche Einflussfaktor für das eigene Leben sind die verfügbaren Denkmuster, die aus bisherigen **Erfahrungen** stammen. Erlebnisse der Vergangenheit bestimmen alltägliche Handlungen aber auch Reflexe in Notfällen.

Das Wissen darüber, welche **Strukturen**, **Ordnungen** und vor allem **Gefühle** ausschlaggebende Faktoren eigener Motivation sind, macht sicher und fördert Vertrauen.

Der Ausgangspunkt der Überlegungen
in der persönlichen Standortbestimmung

ist das

Spannungsfeld
zwischen dem

Vertrauen, so sein zu dürfen, wie ich bin

und dem,

was ich glaube, verändern zu müssen.

Hinter jedem Wunsch – auch jenem der gleichzeitigen Förderung von Vertrauen und Sicherheit - steckt eine **Vision**. Wie diese genau in Ihrem Fall zu formulieren ist, können Sie selbst am besten herausfinden. Das ist keine einfache Übung, jedoch sehr lohnenswert. Manchmal ist es hilfreich, sich dabei begleiten zu lassen. Immer wieder stoßen Absichten auf **Widerstände**. Das führt dazu, dass sich die **Realität** nicht genau so gestalten lässt, wie es ursprünglich beabsichtigt war. Hier schließt sich der Kreislauf, in dem Sie Ihre Vision aufgrund der gewonnenen Erkenntnisse neu überdenken und gegebenenfalls anpassen.

Die Rolle der Mediation dabei ist es, sicherheits- und vertrauensförderliche Denkmuster zu finden.

1.1 Lernen Sie sich selbst besser kennen!

Sicherheit steht seit vielen Jahrtausenden ganz oben in der Prioritätenliste der Menschen. Vertrauen hingegen braucht ein Umfeld, das eine Einschätzung ermöglicht, was oder wer Ihnen gut tut oder nicht.

Jeder von uns ist gefordert, persönliches Vertrauen in Sicherheitssysteme zu entwickeln – mit Expertise, als Beobachtender oder als Leidtragender. Nachdem Herbert Oth den ursprünglichen Impuls gab, Mediation mit Sicherheit und Vertrauen in Beziehung zu bringen, steht seine Fallgeschichte hier an erster Stelle.

Fallgeschichte – Krisen und Alltag

Herbert Oth hat einige lebensbedrohliche Situationen gut gemeistert. Mit 33 Jahren erhielt er die Diagnose Hodenkrebs. Dadurch hat er Zeiten erlebt, die ihn über das Sterben nachdenken ließen.

Ein weiteres, überaus einprägsames Erlebnis war jedoch ein bewaffneter Raubüberfall auf die Bank, wo er als Filialleiter beschäftigt war. Im Moment, als er den Räuber zu Fuß verfolgte und nicht erwischte, war ihm das Risiko nicht bewusst, in das er sich begab. Angriff statt Flucht.

Logischerweise spricht Herbert Oth über einen tiefen Schock, wenn er an diese Zeiten zurückdenkt. Dennoch oder gerade deshalb sieht er – im Alter von 69 Jahren – seine Eigenverantwortung sehr deutlich. Er hat viele fachlich fundierte Empfehlungen erhalten, dennoch würde er heute nicht mehr leben, wenn er nur diesen vertraut hätte.

Heute ist Herbert Oth ein vielseitiger Lebenspraktiker, der sein Wissen im Zuge von Hilfe zur Selbsthilfe weitergibt. Vor allem fasst er eines zusammen:
„Es gibt Situationen, in denen eine Einschätzung von ‚richtig' und ‚falsch' nicht möglich ist."

In solchen Fällen ist maximal eine schrittweise Annäherung möglich, die durch viele subjektive Bewertungen erfolgt. Daher kann das nicht an Dritte delegiert werden. Diese können maximal begleiten oder unterstützen.

Herbert Oth empfiehlt, Krisen dafür zu nützen, um den darauffolgenden Alltag besser zu bewältigen. Dazu meint er folgendes:
„Ein persönlicher innerer Dialog soll zu einem ehrlichen Umgang mit sich selbst anregen."

Wie die Geschichte von Herbert Oth zeigt, braucht es eigenes Wissen, um sich nicht unnötig anderen auszuliefern. Dennoch ist es angebracht, auch anderen gut zuzuhören und von ihnen zu lernen. Herbert Oth inspirierte nicht nur dazu, Mediation mit Sicherheit und Vertrauen in Verbindung zu bringen, sondern er begleitete nahezu die ganze Erstellung des Buches. Daher sei ihm an dieser Stelle ein besonderer Dank gewidmet.

In dem Fallbeispiel spricht Herbert Oth von einem **inneren Dialog**, der dabei unterstützen soll, eigene Vorlieben und Prioritäten zu erkennen.

Ein sehr nützliches Hilfsmittel dazu ist der *Bleistift*. Der Autor und Zeichner Guy Field beschreibt in seinem Buch „Der magische Bleistift“ in vielen Punkten, was dieses Wundermittel alles bewirken kann.

Ein Auszug daraus:

Mit einem Bleistift ...

- haben viele weltberühmte Künstler angefangen. Er gibt Beispiele dafür unter anderem von Leonardo da Vinci, Vincent van Gogh, Pablo Picasso oder Dave Mustaine.
- können Zeichner Linien, Formen und Strukturen durch die gleichzeitige Arbeit von Finger und Gehirn gestalten. Diese erschaffen Figuren, Objekte oder Texte, die Türen in uns öffnen können.
- und seinen Notizen sind eigene Erinnerungen leichter – auch wenn es nur darum geht, eine Einkaufsliste zu erstellen.
- wird der Erfindungsgeist inspiriert – unabhängig davon ob es technische, künstlerische oder emotionelle Innovationen betrifft.
- können Menschen zum Lachen oder zum Weinen gebracht werden.

Der Umgang mit Werkzeugen ist lebensnotwendig. Der Gebrauch eines Hilfsmittels kann Leben retten oder vernichten. Daher ist wichtig, sich praktisch damit auseinander zu setzen. Deshalb enthält jedes Kapitel auch einen Praxis-Teil, in dem Sie selbst gefordert sind.

Praxis:

Sicherheit braucht in erster Linie Vertrauen in sich selbst. Allein das Befolgen gutgemeinter Ratschläge, ein umfassender Glaube oder blinder Gehorsam ist zu wenig. Erlernen Sie die Übung, Ihre eigene Vision zu erkennen und zu formulieren. Das unterstützt Sie am ehesten dabei, Vertrauen in Sie selbst zu entwickeln – eine wesentliche Grundvoraussetzung auch für Ihre höchst persönliche Sicherheit. Kennen Sie Ihre leitenden Gedanken, dann können Sie das Beste aus Ihnen herausholen und ein möglicher Widerstand spornt Sie nur zusätzlich an, Ihren Kurs auch in der Realität beizubehalten.

Spitzen Sie Ihren Bleistift, nehmen Sie ihn in Ihre Hände und verwandeln Sie Ihre Gedanken in Bilder und Texte. Wenn es für Sie stimmig ist, gehen Sie dabei auch auf die vorformulierten Aufgabenstellungen ein. Die Beantwortung der nachfolgenden Fragen kann auch in mehreren Durchgängen zu unterschiedlichen Zeiten erfolgen. Im Laufe dieses Buches wird auf unterschiedliche Fragen immer wieder Bezug genommen.

1. **Was will ich?**

   Versuchen Sie möglichst klar zu formulieren, was Ihnen derzeit am meisten am Herzen liegt. Auch wenn Sie das mit anderen besprechen, achten Sie darauf, dass es Ihre ganz persönliche Meinung ist, die Sie hier notieren.

   ....

   ....

   ....

   ....

   ....

Sollten Sie lieber ein Bild zeichnen wollen, finden Sie nachfolgend Platz dafür. Sie können auch Bilder und Worte kombinieren. Sehr effizient ist es, wenn Sie sich für Ihr Thema drei zentrale Begriffe überlegen, diese mit Worten und Symbolen darstellen und in Beziehung zueinander bringen.

Wenn Sie unter Punkt 1 nichts notieren oder skizzieren und dennoch an einem konkreten Beispiel weiterarbeiten wollen, können Sie mit dem Fallbeispiel arbeiten oder eines der Zeichnungen in dem Buch heranziehen. Auf Wunsch können Sie auch parallel an dem Fallbeispiel und Ihrem Anliegen mit den nachfolgenden Fragen arbeiten.

2. **Wie realistisch ist Ihre Vision?**

Gehen Sie offen und fair an Ihre – möglicherweise unterschiedlichen – Vorstellungen heran. Notieren Sie jene, die wunderbar miteinander harmonieren, aber auch jene, die nicht auf den ersten Blick miteinander vereinbar sind. Welche Ideen halten dem Realitätscheck stand und welche verwandeln sich eher in Widerstände – unabhängig ob das Ihre eigenen sind oder jene anderer?

....

....

....

....

....

....

....

3. **Welche Typen eignen sich für Ihre Vision(en) am besten?**

Lesen Sie nachfolgende Begriffe aufmerksam durch. Sie alle haben e nen Bezug zu Sicherheit und Vertrauen, dennoch verfolgen sie völlig andere Zugänge. Versuchen Sie, jene Begriffe in die Zeichnung von Seite zwei einzuordnen, die Ihnen besonders gut gefallen:

Ermittler	Rechthaber/innen
(An)Kläger	Rauswerfende & Einsperrende
Richtende	Psychologisierende
Verteidigende	Mediatoren und Mediatorinnen
Künstler	Gestaltende
Abenteuerliebende	Mystische
Kuschlerinnen	Exekutierende
Überwachende	Vernichtende
Klugscheißer	Liebevolle
Kämpfer	??????

Finden Sie sich näher bei den Vertrauensseligen oder eher als Sicherheitsguru? Verändert sich diese Ansicht, wenn sie an eine andere Vision denken?
Begründen Sie Ihre Auswahl!

....

....

....

....

....

4. **Was motiviert welchen Typ zu welchen Handlungen?**

Machen Sie noch einmal einen Blick zu den einzelnen Persönlichkeiten in der Frage 3. Was könnte sie antreiben, was ist in der Regel die Konsequenz, wenn sie ihrem Typ entsprechend handeln?

....

....

....

....

....

5. **Welchem Typ würden Sie (in welchen Situationen in Verbindung mit Ihrer Vision) am ehesten vertrauen?**

Benennen Sie drei konkrete Situationen, die ihnen dazu wichtig erscheinen. Überlegen Sie zu jeder Situation, welchem Sicherheitstyp Sie in dem Zusammenhang am ehesten vertrauen würden.
Begründen Sie Ihre Antwort!

Situationskurz-beschreibung	**Bevorzugter Sicher-heitstyp**	**Begründung**

6. **Welchen Typ würden Sie neu erfinden?**

Nehmen Sie an, Sie könnten einen neuen Typ erfinden, der für Sie Sicherheit verkörpert. Wie würden Sie diesen beschreiben und benennen, damit er Ihr volles Vertrauen – in Bezug auf Ihre Vision - genießt?

....

....

....

....

....

....

7. **Wen oder was brauchen Sie, damit Sie aktiv Sicherheit und Vertrauen fördern können?**

Versuchen Sie, möglichst genau zu beschreiben, was in Ihnen Sicherheit und Vertrauen auslöst und wie Sie beide Komponenten gleichzeitig aktiv fördern können.

Notieren Sie auch jene Ideen, bei denen Vertrauen und Sicherheit nicht gemeinsam auftreten, sondern möglicherweise sogar im Widerspruch zueinander sind!
Welche Persönlichkeits-Typen fallen Ihnen in diesem Zusammenhang ein?

....

....

....

1.2 Zeichnen Sie Ihre ganz persönliche Schatzkarte!

Jeder von uns hat einen inneren Schatz. Er ist nicht immer auf den ersten Blick zu erkennen, oft scheint es, als ob unüberwindliche Hindernisse den Weg dazu versperren. Dennoch ist es gerade die ‚innere Arbeit', die eine Grundlage für alles weitere liefert. Sie trägt wesentlich dazu bei, die eigene Schatzkarte zu finden.

Die "innere Arbeit" befähigt uns, mit den Erfahrungen, Begegnungen in alltäglichen oder außergewöhnlichen Situationen, konstruktiv umzugehen.
Durch sie können wir lernen. Die Entdeckungsreise, wer wir wirklich sind, was wir wirklich wollen und wo unser Platz auf der großen Schatzinsel des Lebens zu finden ist, ist spannender als alles andere.

Finden Sie mithilfe Ihrer ganz persönlichen Schatzkarte jene Elemente, die Ihnen helfen, Ihr Leben harmonisch zu organisieren. Ob es das Buch der Freude ist, die Chronik des Gelingens oder einfach ‚nur' ein Lied oder eine Zeichnung ... machen Sie sich auf den Weg und suchen Sie die Ordnung, die Ihnen dabei hilft, Ihren ganz persönlichen Schatz zu finden!

Erkennen Menschen Ihren ganz persönlichen Zugang zur eigenen Freude, so können sie diese auch uneingeschränkt teilen. Es bricht das gängige Denkmuster auf, dass es immer welche geben muss, die verlieren. Mediation hat das Ziel, jene Situationen zu fördern, die für alle Vorteile bringen. Diese Prozesse beinhalten die Chance, gleichzeitig mehr Vertrauen und mehr Sicherheit zu gewinnen. Das nachfolgende Fallbeispiel soll dazu einladen, eigene Ordnungen neu zu überdenken. Der ursprüngliche Anlass war ein Gespräch zwischen Silvia und Elvira Hauska.

Fallbeispiel – Ordnungssysteme im Umbruch

Elvira: „Darf ich Dich, bevor Du gehst, noch um einen kleinen Gefallen bitten?"

Silvia: „Ja, gerne."

Elvira: „Ich habe hier einen leeren Zettel und bin dabei, wichtige Begriffe miteinander in Beziehung zu bringen."

Silvia: „Das klingt interessant."

Elvira: „Könntest Du auf diesem Zettel die Begriffe ‚Vertrauen', ‚Sicherheit' und ‚Bildung' in einer geeigneten Weise anordnen? Dann wäre noch die Sache mit der Mediation. Wie würdest Du mit diesem Begriff umgehen?"

Silvia: „Mmhh. Das ist gar nicht so einfach, aber ich probiere es einmal."

Lange, bevor die Menschen die Luft eroberten, bauten sie Schiffe und Boote, die sie über das Wasser beförderten. Das ermöglichte ihnen, neue Ufer zu suchen, von denen sie sich ein besseres Leben erhofften.

Der französische Journalist und Marinespezialist Gérard Piouffre stellt in seinem Buch ‚Legendäre Schiffsreisen' für die GEO Redaktion bahnbrechende Entwicklungen dar, die auch heute noch für die eigene Abenteuerreise beispielgebend sein können:

- Im Jahr 1817 dauerte eine ‚normale' Reise über den Atlantik zwischen 35 bis 40 Tagen. Fünf amerikanische Reeder richteten eine Linienverbindung zwischen New York und Liverpool ein, die zuerst vorwiegend Post transportierte.

- Ab 1840 erkennen europäische Familien, dass ihre Heimat zu eng wird. Im Laufe der nächsten zehn Jahre verlassen rund zwei Millionen Menschen Europa, um ihr Glück in Amerika zu finden.

- Die Erfindung der Schiffsschraube und deren Weiterentwicklung durch den Österreicher Josef Ressel und dem Franzosen Frédéric Sauvage führt 1840 dazu, dass dampfbetriebene Schiffe auch über den Ozean fahren können.

- Durch die Möglichkeit, Stahl zu verarbeiten, werden immer größere Schiffe gebaut, die gleichzeitig Fabrik, Hotel und Fortbewegungsmittel sind.

Praxis:

Während im 19. und 20. Jahrhundert vorwiegend technologische Entwicklungen den Fortschritt begleiteten, wird es im 21. Jahrhundert immer wichtiger, eingefahrene Denkweisen zu hinterfragen. Dazu ist es notwendig, alte Wege zu verlassen, um sich auf die Suche nach neuen Schätzen zu machen. Im mediativen Sinne sind es jene, die allen Beteiligten einen Gewinn ermöglichen.

1. **Was finden Sie auf Ihrer ganz persönlichen Schatzkarte?**

   Wie würden Sie Ihren Schatz bezeichnen? Welche Herausforderungen stellen sich Ihnen in den Weg? Was motiviert sie, die Karte weiter zu entwickeln und neue Schätze zu suchen?

   ....

   ....

   ....

   ....

   ....

   ....

2. **Was davon ist Vision und was lässt sich unter Umständen real umsetzen?**

   ....

   ....

   ....

   ....

   ....

   ....

3. Was davon können Sie selbst (mit)gestalten und was davon entspricht überhaupt Ihren ganz persönlichen Vorstellungen?

Setzen Sie sich an einen Ort, der in Ihnen so etwas wie Harmonie auslöst. Wenn Sie gedanklich einen Berg auf Ihrer Schatzinsel erklimmen, erhalten Sie einen guten Überblick über das, was Ihnen in diesem Moment einfach so zu Füßen liegt.

Versuchen Sie möglichst unmittelbar aus dieser Stimmung die untenstehende Tabelle auszufüllen.

	Selbst gestaltbar	**Nicht selbst gestaltbar**
Erwünscht		
Unerwünscht		
neutral		
...		

4. Welches Wissen wäre dazu nützlich und hilfreich?

Versuchen Sie, Sätze oder Fragen zu formulieren, in denen die Wörter „Sicherheit", „Vertrauen" und „Mediation" vorkommen. Wo würden Sie diese Begriffe in Ihrer ganz persönlichen Schatzkarte verankern? Setzen Sie sich möglichst spielerisch mit dem Thema auseinander.

....

....

....

....

....

5. Was ändert sich dadurch an Ihrem persönlichen Anliegen?

Schauen Sie einen Blick zurück auf die Frage 1 im Kapitel Eins und spüren nach, ob sich hier Veränderungen ergeben haben. Möglicherweise finden Sie dort noch nichts vor und wollen vielleicht doch etwas aufschreiben....

....

....

....

....

....

1.3 Bringen Sie mehr Leichtigkeit in Ihr Leben!

Da war dieses Kind im Bus, das an der Mutter lag.
Es ist kurz aufgewacht, hat gesehen, dass die Mutter schläft,
und ist auch gleich wieder eingeschlafen ...

Dann war da diese Möve, die an der Steinmauer saß,
als ich vorbei ging und die einfach wegflog,
ohne von mir gestört zu sein,
über das morgendliche Meer in etwas komplett Neues.

Und dann war da diese hochaufgeschossene Prinzessin,
die an mir vorbeiging,
als ich das typische marokkanische Frühstück genascht hatte,
süßes, dickes Fladenbrot mit reichlich Olivenöl darauf und Minztee.
Sie trug etwas abgetragene, doch sehr gemütlich aussehende Pantoffel
unter der traditionellen Bekleidung.

Es ist seltsam,
irgendwie habe ich genau gespürt,
wie es war,
als sie heute Morgen in die Pantoffel geschlüpft ist und wie es war,
als die Möve losflog und die absolute Geborgenheit des Kindes im Bus ...

Ich glaube nicht, dass das Interpretationen waren, es war eher, als wäre
ich das alles Selbst gewesen.
Ist es so, dass wir alles sind?

Der schneidige schwarze Rastafari Mann mit Sonnenbrille
in blütenweißer Dschellaba, der im endlosen Morgen steht?
Diese leichte kühle Meeresbrise, die sich in die Sonnenstrahlen mischt?
Das Hämmern und Werken im Hafen?
Der fröhliche Taxifahrer mit den unzähligen Ticks,
dessen Körper nicht für eine Sekunde still sein kann?
Die Schmerzen in meinem Knöchel?
Die Tränen des angekommen Seins?

Jeder Mensch entfaltet sich auf seine einzigartige Weise. Dazu ist eine innere Ordnung bereits angelegt. Um sich nicht unnötig in blind machenden Widerständen und persönlichen Befindlichkeiten zu verstricken, müssen wir den inneren Kampf beenden. Nur so können wir uns der Realität gegenüber öffnen und Freundschaft mit uns selbst schließen.

Indem wir auf unserer persönlichen Schatzinsel ankommen, ist es uns möglich, mit leichtem Schritt und mit allen Sinnen das Schöne um uns herum wahrzunehmen. Auch wenn nicht alles so ist, wie wir es uns erwartet hätten, so können wir doch aus dem Vollen schöpfen und als erstes die ‚neue‵, wiederentdeckte Umgebung genießen.

Wenn wir mit dem Herzen verstehen, dass es gut ist, so wie wir sind, können wir uns auch eher mit dem versöhnen, was uns betroffen macht. Dennoch sollte uns dieses Verständnis nie von lohnenswerten Veränderungen abhalten. Besonders persönliche Denk-Muster brauchen in der Regel mehr Leichtigkeit und eine innere Ordnung.

Die innere Ordnung entfaltet sich von selbst, wenn wir den gewohnten Denkmustern gegenüber kritisch werden.
Gelingt es, alte und überholte Denkmuster über Bord zu werfen, hat das Neue mehr Platz und gibt Orientierung für die Zukunft.

Das nachfolgende Fallbeispiel führt uns 500 Jahre in die Vergangenheit zurück.

Fallbeispiel – Reformation der Gedanken

„Aus tiefer Not schrei ich zu Dir" – der evangelische Pfarrer Wieland Curdt stellte das Lied von Martin Luther in das Zentrum einer seiner Predigten am Sonntag. Wieland Curdt bezieht diesen Satz auf Menschen, die sich in einer scheinbar ausweglosen Situation finden, obwohl sie erfolgreich und angesehen sind.

Ein zentraler Wendepunkt in der Geschichte von Martin Luther selbst war das eigene Umdenken. Während am Beginn seiner Tätigkeit als Mönch vorwiegend seine persönlichen Fehler und die damit verbundene vermeintliche Schuld als zentrale Denkmuster vorherrschten, änderte sich das im Laufe der folgenden Jahre drastisch.

Martin Luther stellte sein Leben in den Dienst Gottes. Dennoch hinterfragte er kritisch damals vorherrschende christliche Ordnungen und Regeln. Den Ausgang seiner Reformationen bildeten jedoch seine eigenen neu ausgerichteten Werte. Anstatt im Dasein als ein selbstzerknirschter Sünder zu verharren, wird er ein Prediger, der die Freude über die Existenz Jesus in den Mittelpunkt stellt. Pfarrer Wieland Curdt meint, dass diese Verwandlung auch heute noch hilfreich und nützlich ist.

Ein interessantes Modell, das sich mit unterschiedlichen Aspekten ein und derselben Person auseinandersetzt, stammt vom Psychologen und Kommunikationswissenschaftler Friedemann Schulz von Thun. Es handelt von der Akzeptanz des inneren Teams – mit all seinen Verbündeten und Unterschieden. Meist gibt es mehrere Seelen in der Brust von Menschen, oft befinden sich diese in scheinbar unabänderlicher Uneinigkeit, bis hin zum hausgemachten Bürgerkrieg. Stellen Sie sich einfach nur die Situation vor, in der sie einen Heiratsantrag erhalten - ein Beispiel, das auch das Praxisbuch „Das innere Team in Aktion. Praktische Arbeit mit dem Modell" aufgreift. Aber natürlich können Sie auch selbst Ihre ganz eigene Vorgehensweise für diesen Fall reflektieren.

Praxis:

Die folgenden Fragestellungen sollen Sie motivieren, sich mit Ihren eigenen scheinbaren Unstimmigkeiten auseinander zu setzen. In der Regel wird es leichter, wenn ein ehrlicher und offener Umgang auch mit jenen Seiten möglich wird, die man selbst am liebsten ignorieren möchte. Anstatt diese wegzuleugnen, können sie als Energielieferant für nützliche und hilfreiche Veränderungen dienen.

1. **Welche Mitglieder hat Ihr aktuelles Inneres Team?**

   Benennen Sie möglichst konkret unterschiedliche Persönlichkeiten, die Ihnen zu Ihrem aktuellen Leben einfallen. Bezeichnen Sie diese aussagekräftig und überlegen zu jedem eine zentrale Botschaft. Am besten ist es, wenn Sie diese innerhalb eines Körpers einzeichnen – dort wo Sie sie am ehesten vermuten.

2. **Wer stimmt in welchen Bereichen mit wem überein?**

Welche Stimmen der einzelnen Persönlichkeiten haben ähnliche Vorstellungen zum Thema? Versuchen Sie diese so genau wie möglich zu beschreiben.

....

....

....

....

....

3. **Wo gibt es gegensätzliche Meinungen?**

Notieren Sie wesentliche Zusammenhänge, z.B.

widersprüchliche Persönlichkeitstypen	**Mögliche Argumente für den Widerspruch**	**Begründung**

4. **Was geschieht derzeit in Ihrem Körper?**

Setzen Sie sich in eine bequeme Position. Richten sie ihre Aufmerksamkeit in den Körper. Spüren sie Ihren Körper von innen her. Ist er noch da? Wenn sie ihn nicht sehen könnten, würden sie ihn fühlen?

Wo nehmen sie ein Gefühl oder eine Erfahrung wahr, das oder die sie am liebsten gleich wieder loswerden möchten? Nehmen Sie sich Zeit und richten sie ihre freundliche Aufmerksamkeit auf diese Körperstelle, das Gefühl oder die Erfahrung.

Atmen Sie in diesen Bereich, als würde ein Sommerwind darüberstreichen. Halten sie ihn wie ein Kind, dem es gerade nicht gut geht, bieten sie dieser Körperstelle, diesem Gefühl, oder dieser Erfahrung den Raum, in dem es sein kann, ohne Absicht oder den Wunsch, dass es weggeht.

Vermeiden sie Beurteilungen, Bilder, Dialoge oder Assoziationen im Kopf. Bleiben sie bei der freundlichen, lebendigen, spürbaren Begegnung. Je eher es ihnen gelingt, das Gefühl oder die Erfahrung zu integrieren, anstatt sie auszuschließen, desto tiefer stellt sich ein Gefühl der Vertrautheit mit sich selbst ein.

Notieren Sie Ihre Erinnerungen!

....

....

....

....

5. **Wie hängt das mit Sicherheit und Vertrauen zusammen?**

Überlegen Sie, welche Punkte von oben hinsichtlich Ihres gewählten Themas Ihre eigene Sicherheit und Ihr eigenes Vertrauen fördern. Religionsinteressierte können diese Fragestellung auch mit ihrer Glaubensidentität in Beziehung bringen. Notieren Sie die wichtigsten Gedanken dazu.

....

....

....

....

6. **Wie könnte dadurch Ihr Leben leichter werden?**

Überlegen Sie, welcher Umgang mit unterschiedlichen Wahrnehmungen mehr Gelassenheit in Alltagssituationen bringt und akzeptieren Sie es, wenn sie dabei manche Gewohnheiten loslassen. Finden Sie eigene Bilder oder Texte, von denen Sie sich inspirieren lassen!

....

....

....

....

....

7. **Was würden Sie in Ihrer persönlichen Schatzkarte ändern?**

....

....

....

....

....

8. **Was würde Sie davon stärker und schöner machen?**

....

....

....

....

9. **Was ändert sich dadurch an Ihrem persönlichen Anliegen?**

Schauen Sie einen Blick zurück auf die Frage 1 im Kapitel 1.1 und spüren nach, ob sich hier Veränderungen ergeben haben. Möglicherweise steht dort noch nichts und Sie wollen das ändern ....

....

....

2 Die persönliche Beziehungsgestaltung

Der Mensch ist ein Gemeinschaftswesen, der in Abhängigkeiten von anderen lebt. Daher wird er entscheidend von und durch seine unmittelbare Umgebung beeinflusst. Familie, enge Freunde, gute Arbeitskollegen, etc. motivieren Denken und Handeln durch **unmittelbare Abstimmungsprozesse.**

Ein Nachdenken über das, was Menschen im Zusammenwirken bewegt, hilft dabei vor allem, Stabilität in wichtigen Beziehungen - im Sinne von Sicherheit und Vertrauen - zu gewinnen.

Der Ausgangspunkt der Überlegungen
in der persönlichen Beziehungsgestaltung

ist das

Spannungsfeld
zwischen einem

Selbstbestimmten Leben

und dem

Wunsch nach Anerkennung durch andere.

Das unmittelbare Umfeld ist Spiegelbild und **Wegweiser**. Der Umgang mit anderen zeigt uns und anderen Handlungsfelder auf. Das Hinterfragen und die Weiterentwicklung dieser ist eine lebenslängliche Aufgabe.

Gesunde Beziehungen ermöglichen Vorteile für alle, auch wenn einzelne Menschen ihrer eigenen Bestimmung folgen.

Die Rolle der Mediation dabei ist es, den Nutzen gesunder Beziehungen sicher und vertrauensfördernd zu kommunizieren.

2.1 Gestalten Sie gesunde Beziehungen!

Die Gestaltung von Beziehungen lebt von unseren Erfahrungen. Ist jemand gewohnt, freundliche oder gar bewundernde Blicke von anderen zu erhalten, dann wirkt sich das unmittelbar auf die persönlichen Begegnungen aus. Es ist die Haltung, die Menschen dazu bringt, andere als Freunde oder im anderen Extremfall als Feinde wahrzunehmen.

Während sich die persönliche Standortbestimmung vorwiegend auf alltagstaugliche Ordnungen und Strukturen der eigenen Person konzentriert, ist dieses Kapitel den zwischenmenschlichen Standpunkten gewidmet. Diese sind nicht nur durch eigene Gefühle und Geschichten geprägt, sondern auch von einem Gegenüber, das sich nicht immer so verhält, wie wir es uns vorstellen. Dabei ist die Bereitschaft, sich auf andere einzustellen, eine zentrale Fähigkeit.

Wie bereits oben erwähnt, ist hier die grundsätzliche Einstellung zu jemandem anderem richtungsweisend. Bin ich der Meinung, dass mir die anderen in der Regel wohlgesonnen sind, so gehe ich ihnen mit offenen Armen entgegen, um sie in mein Herz zu schließen. Bin ich davon überzeugt, dass der oder die andere mir schaden will, dann sind es eher Grenzen und Mauern, die ich errichte.

Bereitschaft zeigt sich auch besonders hilfreich, wenn unser Gegenüber Seiten von sich zeigt, mit denen wir nicht einverstanden sind. Anstatt dazu in Missverständnis und Opposition zu gehen, öffnet die Bereitschaft, das Bedürfnis hinter der Argumentation des Gegenübers zu sehen, den Weg in eine gelingende Beziehung.

Die nachfolgende Fallgeschichte entstand über viele Monate. Sie handelt vor allem von einem Seminarthema von Claudia Kracker, das einen ganz zentralen Bereich im Handeln zwischen unterschiedlichen Menschen berührt. Schaffen wir es, die bessere Hälfte des Gegenübers in das Rampenlicht zu stellen, dann können wir uns gegenseitig dabei unterstützen, unsere volle Schönheit und Kraft zu entfalten.

Fallgeschichte – Befreiende Grenzen

Claudia Kracker ist Coach und Trainerin aus Leidenschaft. Sie arbeitet gern mit anderen Menschen und unterstützt sie beispielsweise dabei, innere Schweinehunde zu überwinden.

Eines Abends kam es zu einem Telefonat zwischen Claudia Kracker und Elvira Hauska. Claudia Kracker war damals gerade dabei, ein Seminar auf die Beine zu stellen, das sich mit der Freiheit von Grenzen auseinandersetzte. Das sehr widersprüchlich scheinende Thema inspirierte Elvira Hauska, die damals gerade mediative Motivationsposter entwarf. Um das Einverständnis von Claudia Kracker einzuholen, sie als Person und ihr Thema ‚Grenzen setzen, die befreien' als Poster zu veröffentlichen, telefonierten beide am nächsten Morgen während der Zugfahrt. Unmittelbar nach Ende des Telefonats, wurde Elvira Hauska von einem in der Nähe sitzenden Mann angesprochen – was seit der Einführung von Smartphones außergewöhnlich war. Er versicherte ihr, dass das The-

ma ‚befreiende Grenzen' sehr wichtig sei und erzählte einen Teil seiner eigenen Geschichte.

Bei der nächsten persönlichen Begegnung zwischen Claudia Kracker und Elvira Hauska kam es zu einem beiderseitigen Austausch bisheriger Erfahrungen mit dieser Art von Grenzen.

Elvira Hauska beschäftigte sich zu der Zeit bereits intensiv mit gesundheitsförderlichen zwischenmenschlichen Beziehungen und bat Claudia Kracker um Ihre persönliche Sichtweise zum Thema. Sie zeichnete daraufhin eine Skizze von zwei lächelnden Menschen, die ein gemeinsames Herz verbindet. Gesunde Beziehungen bedeuten demzufolge eine Symbiose, die dennoch „Deines" und „meines" zu unterscheiden vermag.

Die gelungene Beziehungsgestaltung kann nur in der Praxis geübt werden. Dennoch kann ein Blick in die Wissenschaft hilfreich sein. Der Rat für Forschung und Technologieentwicklung hat ein dünnes Buch herausgegeben, in dem *(fast) Alles über Wissenschaft und Forschung* steht.

In der Einleitung zitieren die Herausgeber den französischen Literatur-Nobelpreisträger André Gide:

„Glaube denen, die die Wahrheit suchen,
und zweifle an denen, die sie gefunden haben."

Selbst wenn diese Aussage über alle Wissensbereiche anwendbar ist, so haben die Sozialwissenschaften hier eine Sonderstellung. Physikalische Gesetze bleiben zumindest einige Jahre von der wissenschaftlichen Gemeinschaft anerkannt. Lehrbücher naturwissenschaftlicher Fachrichtungen sind sich zumindest über grundsätzliche Fragen einig. Überprüfbarkeit, Transparenz und Faktentreue gibt es auch in anderen Fachgebieten. Allerdings haben vor allem Wissensgebiete, die das menschliche Zusammenleben beschreiben, keinen Anspruch auf die hundertprozentige Wahrheit, die alles andere ausschließt.

Dennoch ist die Wissenschaft das umfangreichste System, das Wissen erzeugt:

- Sie fördert systematische Denkprozesse, die aufeinander aufbauen.
- Das Wissen der Welt verdoppelt sich schätzungsweise alle fünf bis zwölf Jahre, dennoch war es selten so schwer wie heute, das herauszufinden, was aktuell gebraucht wird.
- Bereits seit vielen Jahrhunderten schreiben Menschen ihre Erfahrungen auf. So lassen sich Gedanken nachvollziehen und wiederholen.
- Neugierde und der Wunsch, Dinge erklären zu können, war die Triebfeder für die meisten bahnbrechenden Erkenntnisse.

Praxis:

Das vorhandene Wissen um Sicherheit und Vertrauen ist vielfältig. Dennoch – in einer speziellen Situation greifen Menschen üblicherweise auf scheinbar bewährte Verhaltensmuster zurück. Sicherheits- und vertrauensförderliche Rahmenbedingungen sind eine gute Voraussetzung für gesunde Beziehungen. Dennoch sind weitere Gegebenheiten notwendig, damit sie gelingen: Ehrlichkeit, Aufmerksamkeit, Freundlichkeit, ...

Ergänzen Sie Ihre Übung, die Sie bisher dazu angeleitet haben, sich selbst besser kennen zu lernen um den Aspekt Ihrer ganz persönlichen Beziehungen. Schärfen Sie Ihre Wahrnehmung, greifen Sie erneut zum Stift und notieren Sie Ihre Beobachtungen und die daraus gezogenen Schlüsse. Wenn es für Sie stimmig ist, gehen Sie dabei auch auf die vorformulierten Aufgabenstellungen ein. Wie bereits im ersten Teil kann die Beantwortung der nachfolgenden Fragen auch in mehreren Durchgängen zu unterschiedlichen Zeiten erfolgen.

1. Wie gelingen gesunde Beziehungen?

Versuchen Sie möglichst klar zu formulieren, wie sie selbst gesunde Beziehungen definieren und was Ihrer Meinung nach dazu führt, dass sie entstehen oder erhalten bleiben. Spüren Sie nach, was Ihnen dabei am meisten am Herzen liegt. Was liegt dabei an einem selbst und was darf von anderen erwartet werden?

....

....

....

....

....

....

....

....

....

Sollten Sie lieber ein Bild zeichnen wollen, finden Sie nachfolgend Platz dafür. Sie können auch Bilder und Worte kombinieren. Auch zu diesem Thema hat es sich als effizient erwiesen, wenn Sie sich für Ihr Thema drei zentrale Begriffe überlegen, diese mit Worten und Symbolen darstellen und in Beziehung zueinander bringen.

2. Was trägt Ihre persönliche Haltung zu Ihren Beziehungen bei?

Kennen Sie Ihre übliche Reaktion, wenn Sie anderen Menschen persönlich gegenübertreten? Welche Bereitschaft ist dabei hilfreich? Wovon hängt das ab? Was resultiert dabei aus Ihren eigenen Erfahrungen und was tragen andere Menschen dazu bei? Wie würden Sie diese in der Regel einstufen? Was ist die Konsequenz Ihres Verhaltens anderen gegenüber?

....

....

....

....

....

....

....

3. Was sind Ihre Wünsche hinsichtlich der Gestaltung Ihrer Beziehungen?

Sind Sie zufrieden mit der Art und Weise Ihrer Beziehungen – egal ob es dabei um Ihre Eltern, Kinder oder Partnerschaften handelt? Was wäre aus Ihrer Sicht dabei noch schöner, gesünder, besser, etc. zu gestalten?

....

....

....

....

4. Welche Typen eignen sich am besten für Ihre Beziehungsvisionen?

Lesen Sie nachfolgende Begriffe aufmerksam durch. Sie kennen sie bereits aus dem ersten Kapitel. Vielleicht haben sie jedoch im Laufe des Lesens eine andere Bedeutung erhalten. Sie alle haben einen Bezug zu Beziehung, sowie zu Sicherheit und Vertrauen, dennoch verfolgen sie völlig andere Zugänge. Versuchen Sie, jene Begriffe in die Zeichnung von Seite zwei einzuordnen, die Ihnen besonders gut gefallenen:

Ermittler	Rechthaber/innen
(An)Kläger	Rauswerfende & Einsperrende
Richtende	Psychologisierende
Verteidigende	Mediatoren und Mediatorinnen
Künstler	Gestaltende
Abenteuerliebende	Mystische
Kuschlerinnen	Exekutierende
Überwachende	Vernichtende
Klugscheißer	Liebende
Kämpfer	??????

Finden Sie sich näher bei den Vertrauensseligen oder eher als Sicherheitsguru? Verändert sich diese Ansicht, wenn sie an eine andere Vision denken?
Begründen Sie Ihre Auswahl!

....

....

....

....

....

5. Welcher Typ könnte Ihnen dabei helfen, Ihre Wünsche hinsichtlich der Beziehungsgestaltung besser zu erfüllen?

Machen Sie noch einmal einen Blick zu den einzelnen Persönlichkeiten in der Frage 4 – eventuell auch zu Frage 3 in dem Kapitel 1.1. Wie beeinflussen unterschiedliche Typen Beziehungen? Was wäre für Sie dabei aktuell am hilfreichsten und nützlichsten?

....

....

....

....

....

6. Welchen Beziehungstyp würden Sie neu erfinden?

Nehmen Sie an, Sie könnten neue Typen erfinden, die für Sie die optimale Beziehung verkörpern. Wie würden Sie diese beschreiben und benennen, damit sie sicher und vertrauensvoll gesunde Beziehungen gestalten?

....

....

....

....

7. Was ändert sich dadurch an Ihrem persönlichen Anliegen?

Schauen Sie einen Blick zurück auf die Frage 1 im Kapitel 1.1 und spüren nach, ob sich hier Veränderungen ergeben haben. Möglicherweise steht dort noch nichts und Sie wollen das ändern ....

....

....

2.2 Reorganisieren Sie das Recht Ihrer Beziehungen!

Die Gestaltung von zwischenmenschlichen Beziehungen folgt bestimmten Regeln. Ein zentrales Element in dem Zusammenhang sind Interaktionen. Eine in westlichen Industrienationen besonders beliebte Variante ist jene des Rechts. Recht haben, auf seinem Recht beharren bzw. Recht zu bekommen steht dabei sehr hoch im Kurs.

Der Haken an diesem Vorgehen ist, dass dabei meistens unterstellt wird, dass jemand mit einer anderen Meinung Unrecht hat. Der Wunsch nach Aufteilung in eine Gruppe, die Recht hat und jene, die im Unrecht ist, ist weit verbreitet. Führen uns allerdings die Kernaussage des vorigen Kapitels noch einmal in Erinnerung, dass ein Anspruch auf allgemeingültige Wahrheit in der Beziehungsgestaltung zum Scheitern verurteilt ist, so ist diese Einstellung jedenfalls zu hinterfragen.

Rechthaber-inn-en geht es meist um die Stabilisierung der eigenen Persönlichkeit. Das ist nützlich, um in unserer Gesellschaft zu funktionieren. Ist jedoch der eigene Selbstwert ausschließlich an ein ‚bestimmtes Recht' geknüpft, entsteht ein Kampf, wo keiner sein müsste. Recht haben oder erhalten wird zum MUSS - alles andere würde Schwäche bedeuten ????

Selbstverständlich ist es aufbauend, Recht zu bekommen, zu haben und zu behalten. Es stärkt das eigene Ego. Wahre Stärke würde jedoch bedeuten, davon nicht abhängig zu sein. Versuchen Sie, das Prinzip des Rechthabens - das immer nur einem selbst dient - durch das Prinzip "Wie kann ich zu Diensten sein?" zu ersetzen. Woran denken Sie dann und wie wirkt sich das auf Ihre Kraft und Schönheit aus???

Um geeignete Regeln für die Gestaltung von zwischenmenschlichen Beziehungen zu entwickeln, lohnt sich ein Blick auf deren Hintergründe. In erster Linie sollen sie es ermöglichen, dass sich Menschen mit Freude begegnen können. Das wird vor allem dadurch erleichtert, wenn aufeinander Rücksicht genommen und Verantwortung wahrgenommen wird.

Auch wenn Menschen unterschiedliche Meinungen vertreten, kann es doch sein, dass dabei alle Recht haben. Durch die Diskussion mit anderen, werden eigene Standpunkte hinterfragt und können sich verändern. Argumente, die vorab noch unabdingbar sind, können widerlegt werden. Neues Vertrauen und mehr Sicherheit kann entstehen.

Fallgeschichte – Recht als Allgemeingut

Zwei Nachbarn streiten um einen Baum. Der Baum steht auf dem Grundstück des einen Nachbarn. Allerdings ist der Baum ziemlich groß und weite Teile des Schattens – vor allem in der Abendsonne – reichen zum Nachbarn.

Nachdem sich die beiden selbst immer mehr in Anschuldigungen und Kränkungen verstricken, wenden sie sich an einen weisen Mann.

Der erste Nachbar erzählte dem Weisen sein Leid in folgender Form: „Ich weiß nicht mehr, was ich tun soll. In der letzten Zeit kann ich nicht einmal mehr gut schlafen, weil mich diese Geschichte so belastet. Mein Nachbar hat einen

Baum auf seinem Grundstück, der so viel Schatten auf mein Grundstück wirft. Speziell am Abend, wo ich immer gern die letzten Sonnenstrahlen in meinem Garten genossen habe, ist es jetzt fast nicht mehr auszuhalten. Mein Nachbar müsste doch einsehen, dass der Baum in der jetzigen Größe nicht so nahe an meine Grundstücksgrenze gebaut werden soll."

Der weise Mann hörte sich die Geschichte an und meinte dazu: „Ja, Sie haben völlig recht."

Nach einiger Zeit kam der andere Nachbar und erzählte die Geschichte aus seiner Perspektive: „Ich habe einen Nachbarn, der in der letzten Zeit immer grantiger wird und von mir verlangt, den schönsten Baum in meinem Garten wegzugeben. Es ist mir unbegreiflich, nachdem dieser Baum gesund ist und in seiner vollen Pracht eine wahre Augenweide darstellt. Ich bin so stolz, dass dieser Baum in meinem Garten gewachsen ist. Es kann doch nicht sein, dass jemand verlangen kann, dass ich ihn aus meinem Garten entferne, oder?"

Der weise Mann war auch bei dieser Variante der Geschichte sehr aufmerksam und bestätigte: „Ja, Sie haben völlig recht."

Natürlich steht sich jeder selbst am nächsten und möchte am liebsten alle seine Wünsche erfüllt sehen. Recht zu haben bzw. zu erhalten, wird dabei vorgeschoben, um eigene Anliegen in den Vordergrund zu stellen. Kommt es allerdings zu Situationen, wo das Recht alle Überlegungen zu dominieren scheint, verdient dieser Aspekt besondere Reflexion. Dann sollte jedenfalls das ins Zentrum rücken, was aktuell gefordert ist. In vielen Fällen ist es möglich, unterschiedlichen Anschauungen Recht zu geben – auch wenn diese sich inhaltlich widersprechen.

Ein Band, der sich wissenschaftlich mit Mediation aus unterschiedlichen Fachrichtungen beschäftigt, erschien 2016 und wurde von der Kulturwissenschaftlerin Katharina Kriegel-Schmidt herausgegeben. Sie zeigt auf, dass es derzeit eine große Fülle an Forschungsaktivitäten und Fragestellungen gibt, mit denen sich Wissenschaft in Zusammenhang mit Mediation derzeit auseinandersetzt. In dem einleitenden Artikel stellt die Herausgeberin unterschiedliche Zielsetzungen dar, die Ideen liefern, um aus einer zu belastenden Rechtsorientierung auszusteigen.

- **Fördere und fordere Vielfalt!**
In kaum einer anderen Zeit gestaltet sich das Selbstverständnis von einzelnen Menschen derart vielfältig. Individuelle Entwürfe von Identität und deren Wandel einzelner Personen bis hin zu gesellschaftlichen Gruppen, die vor einigen Jahrzehnten noch undenkbar galten, werden heute als gegeben hingenommen. Diese Entwicklung hat den großen Vorteil, dass eine anhaltende Rechtfertigungsnotwendigkeit alleine wegen einer Zugehörigkeit zu einer bestimmten Gruppe wegfällt.

- **Plane Reflexionen als fixe Bestandteile ein!**
Die Herangehensweise an unterschiedliche Herausforderungen hängt sehr stark davon ab, welche Erfahrungen jemand einbringt. Ein systematisches Produzieren von hilfreichen Erkenntnissen erfolgt in zwischenmenschlichen Beziehungen eher selten. Gedanken kreisen häufig darum, sich selbst als Opfer zu sehen. Das wiederum beeinträchtigt kreative Denkstrategien, die zu interessanten Alternativen führen können. Daher können Reflexionen als eine systematisierte Handlung in eingefahrenen Prozessen hilfreich und nützlich sein.

- **Entwickle multidisziplinäre Fähigkeiten!**
Selbst wenn die eigene Geschichte in der Regel durch Bildung oder familiäre Vorfälle geprägt ist, können neue Wege manchmal einen Perspektivenwechsel ermöglichen. Können Menschen davon abgehen, vorrangig nach ‚ihrem eigenen Recht' zu streben, erweitern sie ihren Horizont. Manchmal kann allein der Gedanke, dass andere – selbst wenn sie andere Anschauungen vertreten – aus ihrem Blickwinkel auch Recht haben, kann Verstrickungen dieser Art bereinigen. Dabei eröffnen sich immer wieder Lösungen, die sonst nicht sichtbar sind.

- **Überdenke eingefahrene Glaubens- und Verhaltensmuster!**
Viele Menschen handeln aus Gewohnheit. Das ist an und für sich eine nützliche Sache. Sind diese Muster jedoch so gestaltet, dass sie sichere und vertrauensvolle Beziehungen eher gefährden als fördern, dann ist es an der Zeit, sich genauer mit ihnen zu beschäftigen. Fol-

gende Anleitungen für die Praxis können dabei einen Denkanstoß liefern. Selbstverständlich ist der Weg, den einzelne Menschen dabei einschlagen, für jeden individuell zu entwickeln. Vor allem die Veränderung der Einstellung kann zu gelungenen Beziehungen beitragen.

Praxis:

Es gibt in westlich organisierten Industrienationen eine langjährige Tradition, auf das Recht und die demokratisch geschaffenen Gesetze zu vertrauen. Recht und Gesetze sollen jedoch den Menschen nützlich und hilfreich sein und nicht zum Selbstzweck dienen. Das betrifft nicht nur geschriebenes Recht.

Lernen Sie sich und andere zu beobachten, damit Sie Ihre Treffsicherheit bei der Vorhersehbarkeit von Reaktionen aufgrund zwischenmenschlicher Handlungen erhöhen. Entscheiden Sie anhand von Ihren Erfahrungen, in welchen Situationen es für Sie persönlich nützlich und hilfreich ist, auf einem – scheinbar unabänderlichen Recht – zu beharren und wann es gegebenenfalls besser ist, dieses zu reorganisieren.

1. In welchen Beziehungen ist Ihnen Recht besonders wichtig?

Denken Sie an jene Beziehungen, die sie besonders bewegen – unabhängig davon, ob Sie Ihnen vorzugsweise Freude bereiten oder eher das Gegenteil. Spüren Sie nach, was Ihnen dabei am meisten am Herzen liegt. Welchen Anteil hat das Recht an der Entwicklung einer bestimmten Beziehung, an der Ihnen besonders viel liegt?

....

....

....

....

Sollten Sie lieber ein Bild zeichnen wollen, finden Sie nachfolgend Platz dafür. Wie bereits beschrieben, kann auch ein Mix von Bildern und Worten zum Nachdenken anregen.

2. In welchen Situationen sollten Sie das Recht überdenken?

Nachdem Sie durch eigene Beobachtungen mehr darüber erfahren haben, welche Vorgehensweisen wann welche Konsequenzen hatten, können Sie sich weiteren Fragen dazu stellen: Welche Verhaltensformen haben sich wann besonders bewährt? Sind diese Erkenntnisse übertragbar auf andere Situationen? Wenn ja, wie können diese beschrieben werden? Welche Rolle spielte dabei das Recht?

....

....

....

....

....

....

....

3. Welche Form von Recht fördert Ihrer Meinung nach Sicherheit und Vertrauen?

Denken Sie an eigene Beispiele und versuchen Sie diese, so konkret wie möglich zu beschreiben.

....

....

....

....

....

4. Wann könnten Sie möglicherweise auf ein ‚Recht haben' verzichten und welche Vorteile könnte das bewirken?

....

....

....

....

....

5. Wie könnten Sie das Recht gestalten, dass möglichst viele Betroffene dabei Recht behalten würden? Welche Vorteile und Nachteile ergeben sich dadurch in unterschiedlichen Situationen?

....

....

....

....

....

6. Was leiten Sie daraus für Ihre persönliche Beziehungsgestaltung ab?

....

....

....

....

....

7. Was ändert sich dadurch an Ihrem persönlichen Anliegen?

Schauen Sie einen Blick zurück auf die Frage 1 im Kapitel 1.1 und spüren nach, ob sich hier Veränderungen ergeben haben. Möglicherweise steht dort noch nichts und Sie wollen das ändern ....

....

....

2.3 Lernen Sie von – Ihren – Kindern!

Auf Grund schlechter eigener Erfahrungen und angesichts der täglichen Schreckensnachrichten in den Medien, stellt sich die Frage: Kann ich vertrauen? Und wenn ja, wem oder Vertrauen worin? Welche Beziehungen fördern Vertrauen und Sicherheit und was macht diese Beziehungen aus?

Am besten ist das 1 x 1 des Vertrauens von den Kindern zu lernen. Angesichts der Tatsache, dass sie noch nicht so viele Situationen des Scheiterns erleben mussten, können sie sich dem Leben wesentlich vertrauensvoller nähern.

Vertrauen zu haben, ist kein Luxus. Dennoch kann Vertrauen auch durch die besten Sicherheitsvorkehrungen allein nicht entstehen. Andererseits – wo Vertrauen wächst, folgt Sicherheit automatisch. Daher ist Vertrauen vielmehr der Königsweg zu einem erfüllten Leben.

Fehlt Vertrauen, machen sich Angst und Misstrauen breit. Stellt man jedoch - als Teil der inneren Arbeit - Vertrauen auf die Probe, ist es möglich, schrittweise Erfahrungen zu sammeln. Das Erleben, dass Vertrauen wirkt, öffnet das Herz und das Leben wird zum Freund. Der Königsweg wird offenbar, die daraus resultierende Freude erfüllt uns mit Schönheit und Kraft. Diese Erlebnisse ermöglichen es uns auch, Verantwortung zu übernehmen und Rücksichtnahme zu üben.

Vor allem dient aufrichtiges Vertrauen in Beziehungen dazu, eigene Wünsche zu hinterfragen sowie gegebenenfalls anzupassen. Eine Fähigkeit, die Kindern angeboren ist – bevor es ihnen aberzogen wird.

Fallgeschichte - Kindererziehung

Wie in anderen Familien, kam es auch in der Familie Hauska immer wieder zu Streitereien. Nachfolgende Darstellung ist die Erzählung von Elvira Hauska und ihrem Versuch, ihren Sohn Martin zu erziehen.

Eines der häufigsten Diskussionsthemen mit Sohn Martin war lange Zeit das Aufräumen. Daher nehme ich an, dass auch für die nachfolgende Situation dieser Auslöser im Vordergrund stand. In einer sehr heftigen Diskussion zwischen Elvira und Martin geriet Elvira dermaßen in Rage, dass sie Martin folgendes an den Kopf warf:

„Ich wünschte, Du wärst auf dem Mond."

Martin war damals rund sechs Jahre alt und bis dahin nahezu immer an einem Ort, wo er gut von seiner Familie oder anderen vertrauten Personen versorgt wurde. Aus Anlass der zornigen Worte jedoch zog sich Martin seine Schuhe an und verließ allein die Wohnung.

Nach rund zehn Minuten tauchte Martin wieder in der Wohnung auf und meinte:

„Mama, es tut mir leid, ich wollte Deinen Wunsch erfüllen, konnte aber den Weg zum Mond nicht finden."

Ein wissenschaftliches Modell, wie Interaktionen zu gesunden Beziehungen beitragen können, stammt aus der Soziologie. Der österreichische Soziologe Anselm Eder hat in seinem Lehrbuch ‚Was ist Soziologie?' aus dem Jahr 2008 einige Anhaltspunkte dafür geliefert, welche Alternativen es zum starren Festhalten am – oft scheinbaren – Recht gibt:

- **Erkenne Deine eigenen Grenzen!**
  Auf dem Titelblatt seines Lehrbuchs der Soziologie findet sich ein Stempel mit dem Hinweis ‚Eingegangen' und ‚Bekenntnisse von einem der es auch nicht weiß'. Anselm Eder berichtete mehrmals von seinen Schwierigkeiten, diesen Stempel bei dem Verleger durchzusetzen.

- **Erkläre die Regeln menschlicher Handlungen!**
  Das Buch beginnt mit einem Bericht darüber, wie Anselm Eder vergeblich versuchte, seiner Großmutter klar zu machen, worum es in seinem Arbeitsbereich eigentlich geht. Bei diesen Versuchen gelangt er schließlich zu der Überlegung, dass erste Ideen zur Planung einer „funktionierenden" Gesellschaft wohl bei Jesus Christus zu finden sein dürften.

- **Hinterfrage und ordne Interaktionen!**
  Aus der Sicht von Anselm Eder ist die Keimzelle der Gesellschaft nicht die Familie, sondern die Interaktion. Sie gilt es zu analysieren und zu ordnen, wenn wir uns in unserem Leben zurechtfinden wollen. Dabei sind bestimmte Ordnungsprinzipien zu beachten, die nicht immer auf den ersten Blick offensichtlich sind.

- **Beobachte die Wirkungen von Handlungen!**
  Die meisten Menschen bemühen Wissenschaften aller Art, um die Zu-

kunft besser vorhersehen zu können. Daher ist es angebracht, eigene Handlungen daraufhin zu beurteilen, ob die Reaktionen auf bestimmte Interaktionen zu erwarten waren oder nicht. Diese Einschätzung gelingt nicht immer. Um die Erfolgschancen dazu zu verbessern, ist eine Auseinandersetzung mit kulturell vermittelten Rahmenbedingungen nötig: Normen, Selbstverständlichkeiten, Rituale, Macht, Kultur, sind einige der wichtigsten.

- **Forsche nach einem bestimmten System!**
  Oft ist es eine spezielle Frage, die eine Forschungsarbeit leitet, daher wird diese üblicherweise Forschungsfrage genannt. Der nächste Schritt zum Übersetzen einer Forschungsfrage in ein Forschungsprogramm sind Hypothesen. Bewusst provokant wählt Anselm Eder als Beispiel diese: „Je besser es den Menschen geht, umso unglücklicher sind sie." Als nächster Schritt muss die Gruppe identifiziert werden, die so genannte Grundgesamtheit, über die eine Aussage gemacht werden soll. Eine mögliche Grundgesamtheit sind alle Österreicher, oder alle Österreicher ab einem bestimmten Alter, oder ab einem bestimmten Einkommen, oder ähnliches. Der letzte – wahrscheinlich trickreichste Schritt – ist die Festlegung einer Forschungsstrategie. Zur Auswahl stehen unter anderem: Beobachtung (explorative Forschung) oder Messen und Zählen (quantitative Forschung).

Aufgrund der vielfältigen Zugänge zu Beziehungen, die sehr oft subjektive Einschätzungen beinhalten, ist ein Hinterfragen unumgänglich. Im Gegensatz zu physikalischen Gesetzen – die zumindest einige Jahre von der wissenschaftlichen Gemeinschaft anerkannt bleiben – sind sozialwissenschaftliche Theorien sehr heterogen. Allerdings gibt es gerade in Bereichen, die das menschliche Zusammenleben beschreiben, keinen Anspruch auf die hundertprozentige Wahrheit, die alles andere ausschließt. Dies lässt wahrscheinlich den Schluss zu, dass eine Ordnung, die ausschließlich in Recht und Unrecht kategorisiert, an der Realität vorbeigeht.

Praxis:

Gemeinsam erlebte Freude, Rücksichtnahme auf die anderen und die Übernahme von Verantwortung kennzeichnet gelungene Beziehungen – besonders im familiären Umfeld. Beziehungen zu (eigenen) Kindern stellen dabei eine ganz besondere Form dar. Sie verbinden die Pflicht, diese entsprechend einer fachlichen Ausrichtung aber auch einer moralischen Orientierung zu bilden mit dem Anliegen, trotz aller gefühlten Überlegenheit von ihnen zu lernen. Kinder können – wie kaum ein Erwachsener – Freude verbreiten. Sie bewirken dies allein durch ein Lächeln, durch drollige Bewegungen oder einfach nur durch die zufriedene Ausstrahlung, wenn sie in Ruhe schlafen und träumen. Selbst wenn sie in einem Moment den Eindruck vermitteln, nie wieder etwas Gemeinsames mit einem Freund oder einer Freundin tun zu wollen, so ist dies im nächsten Moment wieder vergessen, wenn ein interessantes Abenteuer lockt.

Lernen Sie sich selbst besser kennen, in dem Sie Ihre (eigenen) Kinder beobachten und das von ihnen übernehmen, was sie selbst glücklicher macht. Üben Sie weiter, sich selbst besser kennen zu lernen, indem Sie Elemente von Beziehungen rund um Kinder einbinden. Wie schon früher angeleitet, ist es besonders an dieser Stelle hilfreich, Ihre Erlebnisse und Erkenntnisse zu notieren. Die nachfolgenden Aufgabenstellungen können Sie dabei begleiten. Wenn Sie vorab Ihre eigenen Gedanken dazu unabhängig von Fragen notieren wollen, können Sie die nächste freie Seite verwenden.

1. Was zeichnet Beziehungen von Kindern besonders aus?

Beschreiben Sie typische Muster, die ihnen auffallen, wenn Sie Interaktionen zwischen und mit Kindern beobachten!

....

....

....

....

Sollten Sie lieber ein Bild zeichnen wollen, finden Sie nachfolgend Platz dafür. Sie können auch Bilder und Worte kombinieren. Auch zu diesem Thema hat es sich als effizient erwiesen, wenn Sie sich für Ihr Thema drei zentrale Begriffe überlegen, diese mit Worten und Symbolen darstellen und in Beziehung zueinander bringen.

2. Welche Beziehungsmuster bei Kindern fallen Ihnen selbst besonders leicht, welche besonders schwer?

Beschreiben Sie Verhaltensweisen, Vorgehensweisen, aber auch Auswirkungen auf beteiligte Personen so konkret wie möglich – versuchen Sie, nachzuspüren, warum es manches einfacher und manches schwieriger ist.

....

....

....

....

....

....

....

3. Was könnte Ihnen dabei besonders nützlich und hilfreich sein?

Gehen Sie in Gedanken noch einmal die typischen Muster von (Ihren) Kindern durch und notieren Sie vor allem jene Überlegungen, die Ihnen selbst mehr Vertrauen in sich und andere, sowie mehr Sicherheit gibt.

....

....

....

....

4. Welche Typen identifizieren Sie bei den beobachteten Kindern?

Verwenden Sie die Typen aus den vorangegangenen Kapiteln, um Muster im Verhalten von Kindern noch besser zu begreifen:

Ermittler	Rechthaber/innen
(An)Kläger	Rauswerfende & Einsperrende
Richtende	Psychologisierende
Verteidigende	Mediatoren und Mediatorinnen
Künstler	Gestaltende
Abenteuerliebende	Mystische
Kuschlerinnen	Exekutierende
Überwachende	Vernichtende
Klugscheißer	Liebende
Kämpfer	??????

Finden Sie Kinder eher näher bei den Vertrauensseligen oder eher als Sicherheitsguru? Verändert sich diese Ansicht, wenn sie an Ihre eigene Vision denken?

Begründen Sie Ihre Auswahl!

....

....

....

....

....

5. Was können Sie von diesen Erkenntnissen für Ihre eigene Beziehungsgestaltung übernehmen?

....

....

....

....

....

Was ändert sich dadurch an Ihrem persönlichen Anliegen?

Schauen Sie einen Blick zurück auf die Frage 1 im Kapitel 1.1 und spüren nach, ob sich hier Veränderungen ergeben haben. Möglicherweise steht dort noch nichts und Sie wollen das ändern ....

....

....

....

....

....

....

3 Der persönliche Anteil

Oft sind persönliche Lebensumstände durch äußere Rahmenbedingugnen eingeschränkt. Immer wieder entsteht dabei der Eindruck, diesen hilflos gegenüber zu stehen. Können jedoch die richtigen Mitstreitenden für gemeinsame Anliegen gefunden werden, so lassen sich viele **Ideen verwirklichen** – auch wenn sie auf den ersten Blick unerreichbar scheinen.

In einer Zeit, in der Vielfalt zunimmt, reichen einseitige Belehrungen und Anweisungen von sogenannten Machtinstanzen allein nicht mehr aus. Vielmehr wird es in Zukunft darum gehen, wie es Menschen gelingt, andere **für gemeinsame Vorhaben zu gewinnen.**

Der Ausgangspunkt der Überlegungen
zum persönlichen Anteil am großen Ganzen

ist das

Spannungsfeld
zwischen der

**Macht und dem Bedürfnis,
jemanden etwas vorzuschreiben**

und der

**Möglichkeit,
gemeinsam notwendiges Wissen und Können zu entwickeln.**

Sicherheit und Vertrauen sind in großem Maße durch die Systeme geprägt, die ein Staat für die Bevölkerung vorsieht. Daher ist diesem Verhältnis ein besonderes Augenmerk zu widmen. Die zwei wesentlichen Elemente dazu sind **Bildung** und vorhandene **Sicherheitsinstrumente**. Dabei ist zu berücksichtigen, dass nach Möglichkeit formelle Führungskräfte auch die jeweiligen informellen Führungskräfte sind. Nur dann können möglichst viele von Standards betroffene Menschen vorgegebenen Regeln vertrauen.

Mediative Herangehensweisen stellen sicher, dass jeder seine eigene Möglichkeit, eine schönere Welt mitzugestalten, nutzen kann.

3.1 Erkennen Sie die Ressource von Werten!

Vertrauen und Sicherheit, Freiheit und Grenzen, links und rechts sind scheinbar Gegensätze, entspringen jedoch derselben Quelle. Nichts kann getrennt existieren. Alles hängt voneinander ab und ist miteinander verbunden ... paradox.

Man teilt sein Leben mit dem Gesang der Morgenvögel, dem Geräusch der vorbeifahrenden Autos, mit dem Licht, das langsam in die Dunkelheit sickert. Die eigene Bereitschaft, Dinge so wahrzunehmen, ist dabei wesentlich. Das Leben lädt ein, es zu bespielen. Das scheinbare Paradoxon der Gegensätze löst sich, wenn wir voneinander das Beste für uns und für die Welt, in der wir leben wollen, finden ...

Das ruft uns auf, das Beste in uns zu entdecken und es zur Verfügung zu stellen. Ganz wir selbst zu sein, ist ein gesellschaftspolitischer Akt. Schönheit zu kreieren, ist ein gesellschaftspolitischer Akt. Ganz besonders Freundlichkeit ist ein gesellschaftspolitischer Akt. Sie entspringt vorrangig aus dem Wunsch, im eigenen Ich ein Wir zu suchen, zu finden und zu pflegen.

Ob es gelingt, gemeinsam Kraft und Schönheit mit und für die Welt zu erschaffen, hängt wesentlich von der Fähigkeit ab, eigene Werte zu hinterfragen und bei Bedarf anzupassen. Jemand, der Werte als unverrückbar sieht, ist gefordert, einen Blick zurück in die Geschichte zu werfen. Sie ist der beste Beweis dafür, dass ein Wertewandel oft notwendig ist, obwohl er nicht immer vorherzusehen oder allein zu bestimmen ist.

Achtsamkeit ist dort gefordert, wo bestehende Werte hinderlich sind. Die nachfolgende historische Fallgeschichte zeigt hier unterschiedliche Denkrichtungen auf.

Historische Fallgeschichte - Mercedes

Werte formen unser Leben. Doch nicht immer ist klar, welche von ihnen beständig sind und welche vergänglich. Eine anschauliche Kulisse für dieses Phänomen ist der Undine Brunnen im Kurpark von Baden. Im Juli 1903 fand die Einweihung dieses
Werkes des österreichischen Bildhauers Josef Valentin Kassin statt. Die Darstellung zeigt eine Szene der tragischen Liebesgeschichte der Wassernymphe Undine zu einem Irdischen.

Turbulent verlief auch das Leben von Mercedes Jellinek, deren Gestalt der Künstler als Undine in Stein meißelte und deren Geschichte der deutsche Tatsachenschriftsteller Gunter Haug in einem Buch niederschrieb. Mercedes war die Lieblingstochter von Emil Jellinek - dem wirtschaftlich lange sehr erfolgreichen Automobilhändler.

Emil Jellinek brachte 1897 den ersten motorisierten Wagen nach Baden bei Wien, wo er seine Sommerresidenz hatte. Gemeinsam mit den Produzenten Daimler und Benz
machte er das Modell, das er nach seiner Tochter Mercedes benannte, zu dem besten und schnellsten Auto der damaligen Zeit. Diese Entwicklung

bescherte dem Auto einen hohen Bekanntheitsgrad in der ganzen Welt, der bis heute anhält.

Das Leben seiner Namensgeberin verlief weniger glücklich. Sie litt sehr unter der kriegsbedingten Trennung von ihrem Vater, der ab 1915 nach Genf ziehen musste. Doch auch dort blieb der bislang erfolgsverwöhnte Jellinek nur für kurze Zeit verschont. Schon bald war er offiziellen Vorwürfen der Spionage ausgesetzt. Diesbezügliche Gerüchte füllten die Zeitungen und führten zu Beschlagnahmungen seiner weitreichenden Besitztümer.

Mercedes begleitete ihren Vater die letzten und schwersten Jahre seines Lebens persönlich und verließ dazu ihre eigene Familie. Emil Jellinek, der ehemals mit Orden hoch dekorierte Ehrenkonsul von Österreich und äußerst vermögender Geschäftsmann, musste entdecken, dass viele glanzvolle Fassaden seiner guten Zeiten in schlechteren Lebenssituationen erheblich verblassen.

Im Jänner 1918 starb er in Genf und hinterließ eine vereinsamte Mercedes, die zu ihrem Mann und ihren Kindern nach Baden bei Wien zurückkehrte. Sie war 39 Jahre alt, als sie an Knochenkrebs starb. Eine Scheidung, der Tod ihres zweiten Mannes und die Entfremdung von ihren eigenen Kindern waren ihre persönlichen Verluste. Ergänzend dazu hatte sie hohe materielle Einbußen zu verzeichnen, die ihre Existenzgrundlage vor allem durch Enteignungen und langjährige Gerichtsverfahren mit Behörden auf ein Minimum zusammenschrumpfen ließ.

Geblieben ist die Schönheit des Brunnens, der an die Zeiten erinnert, als die Welt für sie noch in Ordnung war und Besucher des Kurparks in Baden nach wie vor in seinen Bann zieht.

Eine der bahnbrechendsten Errungenschaften der medizinischen Entwicklungen ist die Erkenntnis, dass auch die Psyche erkranken kann und demzufolge einer entsprechenden Behandlung bedarf. Ein Wegbereiter dafür war der Wiener Nervenarzt Sigmund Freund. Er beeinflusste damit viele weitere Entwicklungen. Eine davon war jene der Hypnose, um Zugänge zu inneren, persönlichen Ressourcen zu erhalten. Freud selbst experimentierte mit dieser Methode, verwarf sie allerdings im Laufe seiner Karriere.

Viele Jahre später entwickelte ein amerikanischer Arzt – Milton H. Erickson – Strategien, die hypnotische Elemente nachweislich zum Erkennen und Nutzen von persönlichen Ressourcen einsetzte. Der deutsche Arzt Gunther Schmidt kombinierte diese Erkenntnisse mit systemtheoretischen Überlegungen und entwickelte daraus die hypnosystemische Methode.

In dem Buch Phoenix von David Gordon und Maribeth Meyers-Anderson beschreiben die beiden Autoren – zumeist in Fallgeschichten und persönlichen Worten – grundlegende Vorgehensweisen des amerikanischen Arztes Milton H. Erickson. Die Buchautoren meinten, dass diese Strategien wie kaum andere dazu beitragen, dass Menschen ein glücklicheres, erfüllteres und produktiveres Leben zu führen konnten.

Folgende Überlegungen stehen dabei im Mittelpunkt:

- **Jeder bzw. jede ist einzigartig!**

Einleitende Zeilen über Milton H. Erickson in dem Buch Phoenix beziehen die Arbeit des Psychiaters Sigmund Freud ein. So steht dort, dass Freud einen erheblichen Beitrag zum Verständnis der menschlichen Psyche leistete. Jedoch – so die Meinung von Erickson – machte Freud den Fehler, seine eigene Denkschule auf alle Menschen anwenden zu wollen. Milton H. Erickson war davon überzeugt, dass dieses Vorhaben jedenfalls zum Scheitern verurteilt ist. Vielmehr sind Strategien in Bezug zu Alter, Geschlecht, Art der Bildung, Zeit, Kultur und unterschiedlichen weiteren Gegebenheiten zu setzen. Jeder Mensch sollte in die Lage versetzt werden, seine eigenen Ressourcen zu erkennen. Der erste Schritt dazu ist die Wertschätzung und Einbindung eigener Lebenskonzepte.

Diese Vorgehensweise ist – wie kaum eine andere – geeignet, mit Werten so umzugehen, dass diese hilfreich und nicht hinderlich ist. Dabei ist davon auszugehen, dass Werte an sich keine absoluten Größen sind. Die – zeitlich befristete – Unfähigkeit, angemessene und wirkungsvolle Veränderungen bei Problemen zu bewirken, ist nach Milton H. Erickson in der Regel das Ergebnis ungenügender bzw. unangemessener Lebenserfahrung. So betrachtet, erübrigt sich eine Klassifizierung von nahestehenden Menschen in ‚gut' und ‚böse' oder die Zuschreibung von ‚Schuld'. Jede bzw. jeder ist eine eigenständige Persönlichkeit, die sich von anderen unterscheidet.

- **Flexibilität der Standpunkte**

Diese Fähigkeit ermöglicht die Betrachtung eines – auch scheinbar unlösbaren - Problems von unterschiedlichen Perspektiven. Somit können Eigenschaften, die ursprünglich belastend erlebt werden, in Kompetenzen umgewandelt werden, um situationsgemäß zu reagieren. Als Beispiel nennen Gordon und Meyers-Anderson eine Fallbeschreibung von Milton H. Erickson. Dabei geht es um einen Patienten, der der Meinung war, dass ihm immer dann die Sprache auf Grund von nervösen Spannungen abhanden kommt, wenn er mit Menschen zusammentritt. Milton H. Erickson löst die Situation in der Form auf, dass er den Patienten darauf hinführt, dass es manchmal ganz gut ist, in Gegenwart von anderen zu schweigen, beispielsweise in der Kirche, wo sich die Gläubigen zu einem Gottesdienst treffen. Würde hier jeder kunterbunt durcheinander reden, so wären die Feierlichkeiten nicht in der Form inspirierend. Vielmehr geht es darum, jene Ziele zu benennen und zu realisieren, die jemanden im Moment zu einem glücklicheren, erfüllteren und produktiveren Leben verhelfen.

- **Humor**

Viele Situationen, die im Leben auf uns zukommen, sind an sich nicht komisch oder überhaupt zum Lachen – auf den ersten Moment. Jedoch hat jeder Mensch eine Veranlagung, das zu tun und das zu erleben, was Spaß macht und Freude bringt. Daher ist die Kunst, auch in schwierigen Momenten eine Seite zu erkennen, die einen ehrlichen Humor (wieder) ans Tageslicht bringt, ganz besonders wichtig. In einem Gespräch von Milton H. Erickson mit einer Alkoholikerin, die sich laufend über ihre Tochter beschwerte, geht der Therapeut ganz speziell auf diese Seite ein.

Gordon und Meyers-Anderson beschreiben den Dialog zwischen Erickson und seiner Patientin zuerst in den festgefahrenen Wegen. Ab einem bestimmten Zeitpunkt geht die Patientin dann auf den Moment ein, wann ihrer Tochter der Humor abhanden gekommen ist. Es war dies eine gemeinsame Ausfahrt in einem Cabriolet, bei der die Tochter mit offenem Mund nach oben gesehen hat und in diesem Moment ein Exkrement eines Vogels genau in den Mund fiel. Die Situation brachte die Tochter dazu, dass sie sich von dem Zeitpunkt an schämte und nicht mehr lachen konnte. Milton

H. Erickson meinte dazu, dass die junge Frau ja seit dem viel Humor angestaut haben müsste. Mit dem Einverständnis seiner Patientin schrieb er der Tochter eine Postkarte über die Gefahren des Gähnens während einer Fahrt im offenen Cabriolet. Die Tochter erhielt die Postkarte, war zuerst sehr verwirrt, erkannte dann allerdings die Botschaft und war ab dem Moment wieder fähig, Ungeschicklichkeiten in ihrem Leben humorvoll zu begegnen.

- **Orientierung auf die Zukunft**

Die Idee, dass Vorläufer aktueller Stolpersteine in der Vergangenheit liegen, ist vielfach beschrieben und diskutiert. Sie hat mit Sicherheit ihre Berechtigung. Gordon und Meyer-Anderson – mit dem Blick auf das Leben und Wirken von Milton H. – arbeiten sehr grundlegend den Unterschied heraus, zwischen Entstehungsgeschichte und Lösungswege von Problemen. Viele Menschen können wunderbar beschreiben, seit wann sie welche negativen Gefühle haben und wer oder was dafür wahrscheinlich Auslöser war. Der Schlüssel zur Bewältigung hingegen ist nicht notwendigerweise in einer minutiösen Aufarbeitung von bereits lange vergangenen vermeintlichen Fehlern – egal ob es die eigenen oder die von anderen sind. Die Autoren beschreiben Milton H. Erickson als jemanden, der einen Schlüssel lieber in die Zukunft als in die Vergangenheit dreht.

In einer Fallgeschichte von Milton H. Erickson beschreiben Gordon und Meyer-Anderson einen Mann, der sehr mit seinem Schicksal haderte, sich in einer psychiatrischen Klinik aufhalten zu müssen. Dieser Mann verbrachte viel Energie damit, sich einzureden, dass er eigentlich woanders sein sollte. Die Intervention von Milton H. Erickson in diesem Fall war eine ganz einfache Feststellung, an die er eine Frage anschloss. Erickson machte den Mann kurz darauf aufmerksam, dass er sich nun einmal in einer Klinik für psychisch erkrankte Menschen befand. Die weiterführende Frage jedoch beinhaltete die Orientierung auf eine Zukunft, die nicht mehr notwendigerweise in der Klinik sein muss. Milton H. Erickson holte den Patienten dort ab, wo er sich befand und half ihm eine Brücke zu einer besseren Zukunft zu bauen.

Praxis:

Eigene Sicherheit und Vertrauen in persönliche Kompetenzen befähigen dazu, gesellschaftliche Rahmenbedingungen zu verändern. Dabei ist es nicht vorrangig ob es – wie in dem oben angeführten Beispiel - durch medizinische oder therapeutische Interventionen oder durch andere Vorgehensweisen oder Methoden. Allein das Befolgen gut gemeinter Ratschläge, ein umfassender Glaube oder blinder Gehorsam ist dabei jedoch zu wenig. Erlernen Sie die Übung, ausgehend von Ihren eigenen erfolgreichen Lebenserfahrungen, diese anderen Menschen nahezubringen und eigene Visionen in gemeinsame Vorhaben umzuwandeln.

Vertrauen in sich selbst und den gemeinsamen Zugang, gesunde Beziehungen zu schaffen, fördert nicht nur die persönliche, sondern auch die globale Sicherheit. Je mehr Menschen ehrlich danach streben, ungesunde Verhaltensformen zu reformieren, umso eher wird es gelingen.

1. Was will ich für die Allgemeinheit bewirken?

In jeder Gesellschaft gibt es Strukturen, die besser zu ändern sind – vor allem wenn sie für eine Situation menschenunwürdige Werte fördert. Versuchen Sie möglichst klar zu formulieren, was Sie in dem Zusammenhang derzeit besonders bewegt. Auch wenn Sie sich mit anderen abstimmen, achten Sie darauf, dass es Ihre persönliche Meinung ist, die sie hier notieren.

....

....

....

....

....

Sollten Sie lieber ein Bild zeichnen wollen, finden Sie nachfolgend Platz dafür. Sie können auch Bilder und Worte kombinieren. Sehr effizient ist es, wenn Sie sich für Ihr Thema drei zentrale Begriffe überlegen, diese mit Worten und Symbolen darstellen und in Beziehung zueinander bringen.

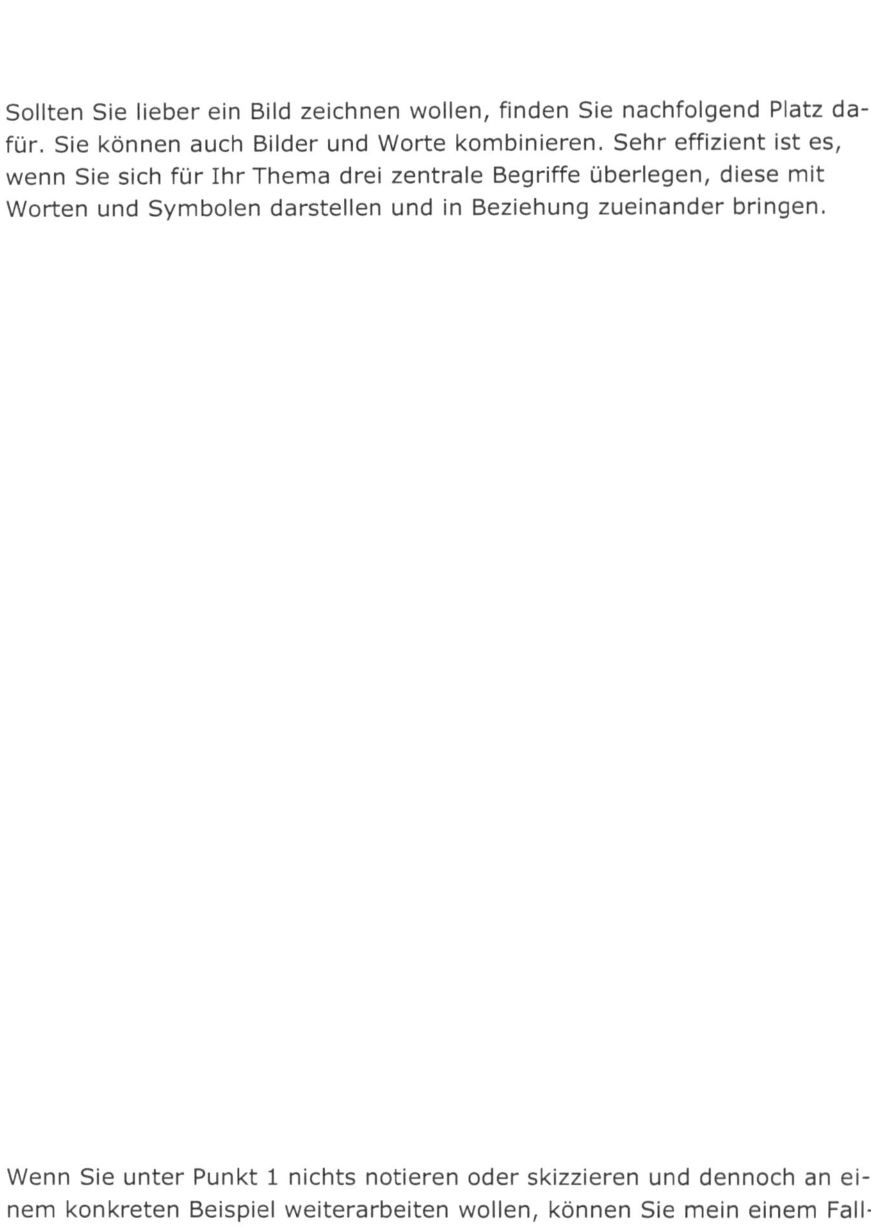

Wenn Sie unter Punkt 1 nichts notieren oder skizzieren und dennoch an einem konkreten Beispiel weiterarbeiten wollen, können Sie mein einem Fallbeispiels arbeiten oder sich auf eine Zeichnung in dem Buch beziehen. Auf Wunsch, können Sie auch parallel an dem Fallbeispiel und Ihrem Anliegen mit nachfolgenden Fragen arbeiten.

2. Welche Chancen geben Sie ihren eigenen Ressourcen?

Gehen Sie offen und fair an Ihre – möglicherweise unterschiedlichen – Vorstellungen heran. Notieren Sie jene, die wunderbar miteinander harmonieren, aber auch jene, die nicht auf den ersten Blick miteinander vereinbar sind. Welche Ideen halten dem Realitätscheck stand und welche verwandeln sich eher in Widerstände – unabhängig ob das Ihre eigenen sind oder jene anderer?

....

....

....

....

....

....

....

3. Welche Typen eignen sich für allgemeine Visionen am besten?

Rufen Sie sich noch einmal die Sicherheits- oder Vertrauens-Typen der vorangegangenen Kapitel in Erinnerung. Spüren Sie nach, ob es diesbezüglich Veränderungen in der Bewertung einzelner Typen gibt und beurteilen Sie Ihre persönlichen Zugänge nochmals in Bezug auf die Möglichkeiten, Ressourcen zu erkennen und zu nutzen:

Ermittler	Rechthaber/innen
(An)Kläger	Rauswerfende & Einsperrende
Richtende	Psychologisierende
Verteidigende	Mediatoren und Mediatorinnen
Künstler	Gestaltende
Abenteuerliebende	Mystische
Kuschlerinnen	Exekutierende
Überwachende	Vernichtende
Klugscheißer	Liebevolle
Kämpfer	??????

Finden Sie sich näher bei den Vertrauensseligen oder eher als Sicherheitsguru?
Welche Typen sind Ihrer Meinung nach flexibler, welche humorvoller oder zukunftsorientierter?
Begründen Sie Ihre Auswahl!

....

....

....

....

....

4. Welche Ressourcen sind für Sie besonders mit welchen Typen zu vereinbaren?

Machen Sie noch einmal einen Blick zu den einzelnen Persönlichkeiten in der Frage 3. Gibt es bei Ihrer Beurteilung Unterschiede, je nachdem, an welche Situation oder Problemstellung Sie gerade denken?

....

....

....

....

....

5. Welchen Typ würden Sie neu erfinden?

Nehmen Sie an, Sie könnten einen neuen Typ erfinden, der für Sie Sicherheit oder Vertrauen verkörpert. Wie würden Sie diesen beschreiben und benennen, damit dieser bestmöglich humorvoll, flexibel und mit einer Orientierung auf die Zukunft agieren kann?

....

....

....

....

....

6. Wen oder was brauchen Sie, um sicher und vertrauensvoll Ressourcen zu erkennen und zu nutzen?

Versuchen Sie, möglichst genau zu beschreiben, was Sie gleichzeitig sicherer und vertrauensvoller bei der Umsetzung Ihrer Vorhaben macht oder machen könnte.

Notieren Sie auch jene Ideen, bei denen Vertrauen und Sicherheit nicht gemeinsam auftreten, sondern möglicherweise sogar im Widerspruch zueinander sind!

....

....

....

3.2 Tragen Sie selbst zur Schönheit des Lebens bei!

Bei den alten Griechen stand Schönheit ganz zentral im Mittelpunkt der Gesellschaft. Es war nicht nur bloße Zier und Luxus, wie das heute z. B. in dem Kult der Selfies zelebriert wird. Schönheit hatte das *richtige Leben* verkörpert, das, was man wirklich wollte. Man wollte nicht bloß ängstlich Überleben sichern, sondern Schönheit als Kraftquelle nutzen, um das wahre Leben zu kosten.

Die gute Nachricht: Man kann Schönheit wieder in sein*ihr Leben integrieren, man kann diese wertvolle Kraftquelle wie einen Muskel trainieren. Wobei es nicht bloß um das schöne Objekt geht, sondern um die Fähigkeit des sinnlichen Wahrnehmens, das Schöne erkennen zu können.

Mehr zu spüren und weniger zu denken erlaubt uns die Wahrnehmungsfähigkeit zu verbreitern und zu intensivieren. Spüren bedeutet, sich mit etwas wertfrei in Beziehung zu setzen, es auf sich wirken zu lassen, sich davon Bewegen zu lassen.

Das Erlauben der Gefühle spielt dabei eine zentrale Rolle. Wobei nicht nur die Positiven, sondern alle Gefühle das Potenzial haben, uns zu uns selbst zurückzuführen. Gefühle beenden die Versachlichung des Lebens und bringen Farbe in das Spiel.

Fallgeschichte Muttersprache einmal anders

In der Regel verstehen wir unter Muttersprache jene, die in einer jeweiligen Nation oder regionalem Umfeld gesprochen wird. Shirin Khadem-Missagh weicht davon in ihren Überlegungen in dem Buch ‚Zur Kunst des Friedens' ab.

Shirin Khadem-Missagh formulierte die Rolle der Mutter und der Muttersprache folgendermaßen:

„Mütter sind die ersten Erzieherinnen ihrer Kinder. ...
Sie tragen das Baby neun Monate im Mutterleib. ...
Eine glückliche Mutter vermittelt ihrem Kind bereits vor der Geburt Glück. ...

Auch die Sprache ist wichtig. So sprechen wir von Muttersprache, weil die erste Stimme, die ein Kind hört, jene der Mutter ist. So wie die Mutter spricht wird auch das Kind sprechen. Hier geht es weniger um die Frage, ob die Mutter Deutsch oder Englisch spricht, viel wichtiger dabei ist der Tonfall und ob eine Mutter mit ihren Kindern liebevoll umgeht und respektvoll und geduldig ist.

Wenn die Mutter-Kind-Beziehung gestört ist, wird sich das im späteren Leben auswirken. Der australische Arzt und Psychologe John Diamond stellte anhand von Muskeltests fest, dass Künstler ihr Potential auf der Bühne nur dann zur Wirkung bringen können, wenn sie mit ihrer Mutter im Reinen sind."

Um die volle Schönheit zu entfalten bedarf es gelungener Beziehungen – vor allem zwischen Mütter und Kindern.

Wenn Sie eine schöne Show sehen, ist es nicht die Show, die schön ist, sondern Sie werden dadurch an ihre eigene Schönheit erinnert.
Deshalb, wenn Sie etwas Schönes sehen, in ihren Eltern, in ihrem Partner, in ihrem Kind, in der Natur, schließen sie kurz die Augen und fühlen Sie die Schönheit in ihrem Inneren.

Wenden wir uns der Schönheit zu, schenken wir ihr ihren zentralen Stellenwert, dann fließt sie in unser Leben. Sie lehrt uns, nach und nach Schönheit in allen Dingen zu erkennen.

Wir bewerten gerne herausragende Leistungen in Kunst und Wissenschaft, doch wirkliche Schönheit finden wir im ganz Normalen: im Mut aufzustehen und sich für einen neuen Tag zu öffnen. In den Schritten, in denen wir nicht bloß wissen, was gut für uns ist, sondern es auch tun. In der geheimen Jagd nach Lust und Erfüllung ...

In der ungeheuren Stille, in der man ganz bei sich ist und doch auch jenseits davon. Wenn wir die innere Augenbinde abnehmen und den Wind sehen, der wie ein Geist in den Gebüschen stöbert.
Die wirkliche Schönheit, die entsteht, wenn man glaubt, etwas nicht zu können und es dennoch tut, mit klopfendem Herzen ...

Der Moment, in dem die Stimme bricht, wenn man etwas Wichtiges sagt. Die Schönheit, zu sehen, wie uns der Schmerz aus der Beliebigkeit schält. Wenn wir einen Stift oder Pinsel zur Hand nehmen und ihm die Ehre erweisen ...

Schönheit ist, wenn man sich völlig verliert, wie im Tanz. Wenn man sich voll ins Zeug legt, ohne auf ein Ergebnis zu schielen. In dem Augenblick, an dem man sich hinwendet anstatt wegzuschauen, wird klar, dass es nicht um das Gelingen geht, sondern um Schönheit ...

Praxis:

Es braucht schon einen tieferen Blick in Zusammenhänge um eine Sicherheit und Vertrauen mit Schönheit in Verbindung zu bringen. Jedoch – können Menschen Schönheit sehen – vor allem die Schönheit in oder durch sich selbst, wenn sie sich mit schönen Dingen beschäftigen – dann gewinnen sie automatisch mehr Sicherheit durch Vertrauen in sich selbst und in andere. Dabei spielt die Sprache eine ganz wesentliche Rolle: Können Menschen – aufbauend vor allem auf die Beziehung zu ihrer eigenen Mutter - wohlwollend über sich selbst und anderen sprechen, ist ein schönes Leben viel wahrscheinlicher als wenn Menschen vorwiegend kränkende Gedanken in Worte fassen.

Das Erkennen und Formulieren bzw. Visualisieren schöner Ideen und Visionen unterstützt daher ganz wesentlich dabei, Win-Wins zu realisieren. Je mehr Menschen mehr schöne Momente erleben, umso eher können diese Erlebnisse zur ‚Schönheit der Welt' – auch im Sinne der gleichzeitigen Förderung von Sicherheit und Vertrauen - beitragen.

1. Welche schönen Momente haben Sie heute erlebt?

....

....

....

....

....

Sollten Sie lieber ein Bild zeichnen wollen, finden Sie nachfolgend Platz dafür. Sie können auch Bilder und Worte kombinieren. Sehr effizient ist es, wenn Sie sich für Ihr Thema drei zentrale Begriffe überlegen, diese mit Worten und Symbolen darstellen und in Beziehung zueinander bringen.

2. Was können diese schönen Momente im eigenen Leben bewirken?

....

....

....

....

....

....

....

3. Was können diese schönen Momente für andere bewirken?

Wenn Sie mögen, können Sie bei ihren Überlegungen noch einmal auf unterschiedliche Typen Bezug nehmen:

Ermittler	Rechthaber/innen
(An)Kläger	Rauswerfende & Einsperrende
Richtende	Psychologisierende
Verteidigende	Mediatoren und Mediatorinnen
Künstler	Gestaltende
Abenteuerliebende	Mystische
Kuschlerinnen	Exekutierende
Überwachende	Vernichtende
Klugscheißer	Liebevolle
Kämpfer	??????

....

....

....

....

....

4. Gibt es Unterschiede in Bezug auf die Wirkung Schönheit, wenn Sie an unterschiedliche Menschen oder Typen denken?

Machen Sie noch einmal einen Blick zu den einzelnen Persönlichkeiten in der Frage 3. Gibt es bei Ihrer Beurteilung Unterschiede, je nachdem, an welche Situation oder Problemstellung Sie gerade denken?

....

....

....

....

....

5. Welchen Typ würden Sie neu erfinden?

Nehmen Sie an, Sie könnten einen neuen Typ erfinden, der für Schönheit verkörpert? Beschreiben Sie diesen Typ so ausführlich wie möglich!

....

....

....

....

....

6. **An welche schönen Momente in der Beziehung zu Ihrer Mutter erinnern Sie sich besonders gut?**

   Beschreiben Sie möglichst genau, wie es zu diesen Momenten kam und was genau Sie dabei fühlten!

   ....

   ....

   ....

7. **Wie können Sie diese schönen Erinnerungen an ihre Mutter für sich und andere nutzen?**

   ....

   ....

   ....

8. **Welche schönen Momente fehlen noch und wie können Sie dazu beitragen, diese real werden zu lassen?**

   ....

   ....

   ....

3.3 Befähigen Sie zu Win-Win!

Derzeit ist der Gedanke sehr weit verbreitet, dass ein Gewinn für eine Person jedenfalls auch einen Verlust für jemand anderen darstellen muss. Diese Überlegung führt immer wieder dazu, dass ‚Gewinner' in den Verruf kommen, sich auf Kosten anderer zu bereichern. Statt Win-Win gibt es ein Win-Lose oder gar ein Lose-Lose.

Das muss nicht so sein.

Stellen Sie sich vor, dass ein Mensch jemanden anderen glücklich macht. In der Regel macht ihn das auch zumindest ein kleines Stück glücklicher.

Es ist also tatsächlich möglich, WIN WIN zu realisieren. Dazu ist es allerdings notwendig, sich selbst und andere dazu zu befähigen.

Wie das nicht nur für sich selbst sondern auch in einer Organisation wie dem Österreichischen Bundesheer gelingen kann, zeigt Oliver Jeschonek. Er ist Coach, Mediator und Teamentwickler.

Fallgeschichte „Entdramatisieren"

Oliver Jeschonek war als Berufssoldat einer von rund 100 Teamtrainern im Österreichischen Bundesheer, als er im Jahr 2009 Mitglied der Projektgruppe Coaching, Mediation und Teamentwicklung bei den Österreichischen Streitkräften wurde.

Mit dem Motto „Unsere Freude ist ansteckend" konnten anfängliche Widerstände und Vorbehalte vielfach ausgeräumt werden. Heute ist die Gruppe ‚Coaching, Mediation und Teamentwicklung' ein fix eingerichtetes und gut etabliertes Referat in der höchsten Bildungseinrichtung des österreichischen Heers – der Landesverteidigungsakademie. Im Jahr 2015 wurden sie für ihre Arbeit vom Grazer Verein IRIS für gelebte Konfliktkultur ausgezeichnet.

In der täglichen Arbeit mit Menschen ist für Oliver Jeschonek der erste Schritt eine Lagebeurteilung. Dies ist aus seiner Sicht eine unabdingbare Voraussetzung für eine Arbeit, wie sie eine Einsatzorganisation leistet. Es braucht Kenntnis von Verantwortlichkeiten, Ressourcen, möglicher Krisenszenarien, usw. Aus dieser Einschätzung heraus ergibt sich der Handlungsrahmen für Interventionen, wie eine wirkungsvolle Konfliktlösung oder ein Dialog zur Förderung von Kooperation und Solidarität.

Ein Modell, das Oliver Jeschonek gern in dem Zusammenhang erwähnt, ist das Drama-Dreieck von Stephen Karpman. In diesem Dreieck stehen sich Täter, Opfer und Helfer gegenüber und bedingen sich gegenseitig.

Oliver Jeschonek verbindet die Besprechung des Modells gern mit der Frage:
Was glaubt ihr, wo sich die meisten Menschen wiederfinden?

In der Regel fühlen sich Menschen als Opfer. Ein Ausstieg aus diesem Szenario ist möglich – können alle drei Beteiligten eine Situation entdramatisieren, d.h. aus ihren Rollen mittel- bis längerfristig aussteigen, dann sinkt auch die Anzahl der Opfer. Gelingt diese Übung, empfinden üblicherweise alle Beteiligten das als Win-Win. Der erste und wahrscheinlich wichtigste Schritt dazu ist die Bereitschaft, das für möglich zu halten.

Es ist ein Irrglaube, dass Mediation ein Verfahren ist, das erst letztes Jahrhundert entstanden ist. Das Wort und die Tätigkeit der Mediation ist historisch gesehen in unterschiedlichen Zusammenhängen belegt.

So steht beispielsweise in der dritten Auflage von Meyers Konversationslexikon im Band 11 aus dem Jahre 1877 der Begriff Mediation mit dem Verweis auf den Mediateur. Dort wiederum findet sich folgende Begriffserklärung:
Médiateur [franz. „Vermittler], in der Politik und im Völkerrecht Bezeichnung derjenigen Macht, welche zwischen anderen Mächten obwaltende Streitigkeiten auf dem Weg der Unterhandlung beizulegen sucht. Eine solche Vermittlung (Mediation) ist wesentlich verschieden von der schiedsrichterlichen Entscheidung, insofern bei jener die untereinander uneinigen Mächte zwar darin einverstanden sind, dass von einer dritten oder mehreren vermittelnden Mächten Vergleichsvorschläge gemacht werden möchten, aber darum sich doch nicht verpflichten, dieselben auch anzunehmen... ."

Um die Schönheit der Mediation heute in ihrer Vollkommenheit zu erfahren und erleben, braucht es Mitschaffende – Künstler, die sich einer bestimmten Art der Darstellung widmen. Walter Koschatzky beschreibt in seinem Buch über „Die Kunst des Aquarells", dass beim Malen die Farben in einer bestimmten Weise auf einen Untergrund aufgetragen werden. Damit ist in der Regel eine erwünschte Aussage verbunden, eine Mitteilung, um etwas nicht Formulierbares wahrnehmbar zu machen. Er sieht dabei als allererste Aufgabe, Menschen für diese Kunst empfänglicher und sensibler zu machen. Dann können am bestehenden Kunstwerk weiterschaffen und in sich lebendig machen.

Koschatzky schreibt weiter, dass es dabei gibt es keine Vorschrift gibt, was oder wie etwas zu malen sei. Denn es sind oft gerade die Variationen, die die schönsten Lösungen ermöglichen. Er meint, dass sich die Literatur weniger mit Idealvorstellungen beschäftigen sollte. Sondern er tritt dafür ein, dass jene Vorgänge in den Fokus rücken sollen, die Künstler von früher wirklich gewollt und getan haben oder Künstler von heute wollen oder tun.

Ähnlich verhält es sich mit dem Abenteuer Mediation. Jeder Mensch ist verschieden und je nach Situation reagiert er oder sie unterschiedlich – manchmal ändert sich eine Einstellung innerhalb von Sekunden. Ist es der Anspruch der Menschheit, ein glücklicheres, erfüllteres und produktiveres Leben zu führen, dann bedeutet das für Jeden etwas anderes. Dabei ist unsere Vision von einem glücklichen Leben völlig klar: Wir wären frei, mutig und würden inspirierte Aktionen in die Welt setzen. Wir würden aneinander wachsen und füreinander da sein. Das vorhandene Vertrauen in sich selbst und in andere erlaubt einen kontinuierlichen Gewinn von Sicherheit.

Die aktuelle Realität sieht in vielen Fällen jedoch anders aus: Befindlichkeiten hemmen unser Schaffen; ein Gegeneinander oder Einsamkeit macht sich breit; Ablenkungen, Ausreden und Klagen sind alltäglicher denn je; Angst vor krankmachenden Viren, ausufernder Gewalt und existenzieller Not schreitet voran.

Um dennoch in unsere Kraft und Schönheit zu kommen oder dort zu bleiben, ist jeder von uns gefordert, seine innere Ordnung zu entdecken, diese im täglichen Umgang mit sich und der Umwelt zu prüfen und sie in geeigneter Weise für gesellschaftliche Entwicklung zu nutzen.

Mediation hat den Anspruch, „Win-Win"-Situationen zu erzeugen. Was das genau ist, ist im Einzelfall festzulegen und anzustreben. Das kann ein malerisches Kunstwerk sein, das jene erfreut, die es erschaffen oder betrachten. Es kann eine Aussöhnung zwischen gegnerischen Parteien sein. Es kann allerdings auch nur ein Gefühl sein, etwas Gutes für sich und das Universum getan zu haben.

Mediation im aktuellen deutschsprachigen Gebrauch versteht sich als Konfliktregelungsverfahren. Die entsprechenden Methoden dazu sind Gespräche mit sogenannten allparteilichen Dritten, die Konfliktparteien dabei unterstützen, dass sie eine tragfähige Lösung ihres Konflikts erarbeiten können. Es herrscht die Auffassung, dass Mediation ohne Konflikt keinen Sinn macht.

Wenn allerdings das „Win-Win" im Vordergrund steht, dann ist es nicht zwingend notwendig, einen Konflikt zu erkennen, zu akzeptieren oder lösen zu wollen. Es ist dann hinreichend, jene Veränderungen oder Gegebenheiten zu benennen und zu realisieren, die von den Beteiligten oder Betroffenen als „Win-Win" gesehen werden. Dieser Gedanke kann weitreichende Konsequenzen für das eigene Abenteuer Mediation haben. Es braucht dann kein Aufstöbern mehr etwaiger Konflikte, sondern vielmehr die Auseinandersetzung was das Leben schöner und glücklicher macht.

Eine Möglichkeit dazu, die in diesem Buch verfolgt wird, ist es, durch eigenes Handeln für sich und andere mehr Sicherheit und Vertrauen zu erlangen:

- Dann können vorhandene Befindlichkeiten als Wegweiser dafür dienen, welche Veränderungen anstehen.
- Dann können uns Ablenkungen von langdauernden Verstrickungen lösen.
- Dann leitet unsere Angst uns in jene Reflexionen, die Existenzen sichern, Gewalt sinnvoll einsetzen lassen und Viren ein ‚neues', erfüllteres Leben ermöglichen.

Die wesentliche Voraussetzung dafür ist es, dass wir ein wenig mehr zu uns selbst finden.

Praxis:

Sicherheit braucht in erster Linie Vertrauen in sich selbst. Dieser Satz ist zentral für jedes Leben und zieht sich wie ein roter Faden durch das Buch. Nur wenn Sie sich selbst kennen, und wissen, was Sie dazu brauchen, um sich selbst zu vertrauen, können Sie reale Sicherheit gewinnen.

Spitzen Sie noch einmal Ihren Bleistift, nehmen Sie ihn in Ihre Hände und verwandeln Sie Ihre Gedanken in Bilder und Texte. Wenn es für Sie stimmig ist, gehen Sie dabei auch auf die vorformulierten Aufgabenstellungen ein. Dieses ist das letzte Kapitel in diesem Buch. Mit dem Ende des Lesens oder der Beschäftigung mit dem Buch sollte Ihr Abenteuer Mediation allerdings nicht enden. Wenn Ihnen das Buch gefallen hat, schauen Sie weiterhin von Zeit zu Zeit hinein und spüren Sie in jene Passagen hinein, die im Moment gerade für Sie wichtig sind. Wenn dieses Buch nicht den nötigen Anreiz dafür bietet oder sie mehr Platz brauchen, um Ihren Gedanken Raum zu geben, beginnen Sie einfach ein neues Buch mit dem Titel ‚Mein Abenteuer Mediation'.

1. **Wer bin ich?**

Versuchen Sie möglichst klar zu formulieren, was Sie ganz persönlich ausmacht. Was können Sie besonders gut, wo möchten Sie noch dazulernen. Auch wenn Sie das mit anderen besprechen, achten Sie darauf, dass es Ihre ganz persönliche Meinung ist, die Sie hier notieren.

....

....

....

....

....

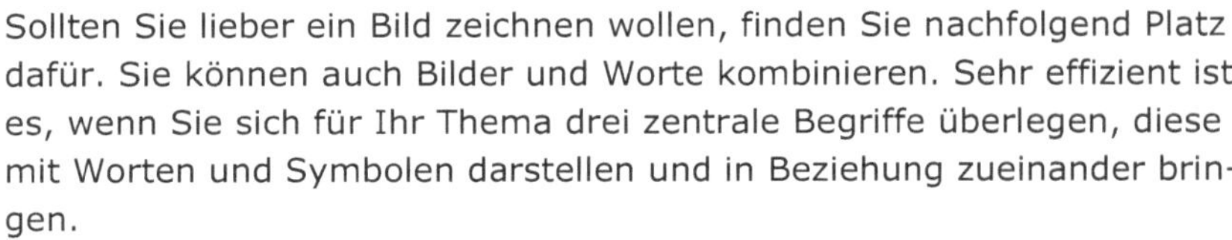

Sollten Sie lieber ein Bild zeichnen wollen, finden Sie nachfolgend Platz dafür. Sie können auch Bilder und Worte kombinieren. Sehr effizient ist es, wenn Sie sich für Ihr Thema drei zentrale Begriffe überlegen, diese mit Worten und Symbolen darstellen und in Beziehung zueinander bringen.

Wenn Sie unter Punkt 1 nichts notieren oder skizzieren und dennoch an einem konkreten Beispiel weiterarbeiten wollen, können Sie mit dem Fallbeispiel arbeiten oder eines der Zeichnungen in dem Buch heranziehen. Auf Wunsch können Sie auch parallel an dem Fallbeispiel und Ihrem Anliegen mit den nachfolgenden Fragen arbeiten.

2. **Wie realistisch ist Ihre Version Ihrer Person?**

Gehen Sie offen und fair an Ihre – möglicherweise unterschiedlichen – Vorstellungen heran. Welche Rückmeldungen erhalten Sie von anderen und wo führen Sie selbst manchmal zweifelnde Diskussionen mit sich selbst? Welche Ihrer Fähigkeiten und Eigenschaften halten dem Realitätscheck stand und welche verwandeln sich eher in Widerstände – unabhängig ob das Ihre eigenen sind oder jene anderer?

....

....

....

....

....

....

....

3. **Welcher Typ möchten Sie gerne sein?**

Lesen Sie nachfolgende Begriffe aufmerksam durch. Sie finden sich schon in vorangegangen Kapiteln. Nun geht es darum, herauszufinden, was sie aktuell für die Zukunft anstreben und was sie dafür tun können:

Ermittler	Rechthaber/innen
(An)Kläger	Rauswerfende & Einsperrende
Richtende	Psychologisierende
Verteidigende	Mediatoren und Mediatorinnen
Künstler	Gestaltende
Abenteuerliebende	Mystische
Kuschlerinnen	Exekutierende
Überwachende	Vernichtende
Klugscheißer	Liebevolle
Kämpfer	??????

Begründen Sie Ihre Auswahl, Vergleichen Sie mit den Antworten aus den vergangenen Kapiteln (besonders Kapitel 1.1) und notieren Sie jene Aktivitäten, die Sie zu dem Typ machen können, der sie gerne sein würden!

....

....

....

....

....

4. **Was motiviert Sie?**

Welches Ziel, welche Absicht oder welches Anliegen steckt bereits seit langem in Ihnen verborgen? Wie und mit wem könnten Sie diesbezüg ich Win-Win-Szenarien entwickeln?

....

....

....

....

....

5. **Was könnte dazu beitragen, ihr Vorhaben umzusetzen?**

Benennen Sie drei konkrete Anliegen, die ihnen derzeit wichtig erscheinen. Überlegen Sie zu jedem Vorhaben, welcher Typ ihnen dabei am ehesten hilfreich und nützlich wäre. Benennen Sie die entsprechenden „Win-Win" und überlegen Sie Schritte, wie Sie diese realisieren können.

Begründen Sie Ihre Antwort!

Anliegen	**Typ**	**Begründung**

6. **Welchen Typ würden Sie neu erfinden?**

Nehmen Sie an, Sie könnten einen oder mehrere neue Typen erfinden, der Sie bei der Realisierung Ihrer Träume und Anliegen erfolgreich unterstützen könnte. Wie würden Sie diesen beschreiben und benennen, damit er volles Vertrauen von Ihnen und Ihren Mitschaffenden – in Bezug auf Ihr Anliegen - genießt?

....

....

....

....

....

....

7. **Wie kann Mediation dazu beitragen, dass Sie aktiv Sicherheit UND Vertrauen fördern können?**

Versuchen Sie, möglichst genau zu beschreiben, was in Ihnen Sicherheit und Vertrauen auslöst und wie Sie beide Komponenten gleichzeitig aktiv fördern können.
Notieren Sie vor allem jene Ideen, bei denen Sie in Opfer, Täter oder Helfer-Rollen gefangen sind!
Wie können Sie Ihr Leben und Ihre Beziehungen – unabhängig von äußerlichen Gegebenheiten – selbstbestimmter gestalten?

....

....

………………………………………………………………………………………………

8. **Was will ich nun konkret tun?**

………………………………………………………………………………………………

………………………………………………………………………………………………

………………………………………………………………………………………………

Quellen

Die Art und Weise, dieses Buch so zu schreiben, wie es ist, verdanken wir vor allem vielen Begegnungen und Beziehungen zu Menschen, Büchern und anderen Quellen, die hier nicht alle namentlich genannt werden können.

Sollte jemand der Meinung sein, hier angeführt werden zu müssen und das noch nicht ist, bitten wir um eine Nachricht. Dasselbe gilt für jene, die Korrekturen zu Inhalten wünschen, die mit ihrem Namen bzw. einer Quelle von Ihnen in Verbindung gebracht wurden.

Ansonsten liegen auch diesem Buch verschiedene andere Bücher als Quellen zugrunde:

Kapitel 1.1
Guy Field macht in seinem Buch **„Der magische Bleistift"** vor allem eines: Lust und Freude, den Stift selbst in die Hand zu nehmen und weißes Papier mit Ideen zu füllen. Das Buch ist im Anaconda Verlag 2017 erschienen. Es bereit den Weg, selbst zu schreiben, zu zeichnen oder zu visualisieren.

Kapitel 1.2
„Legendäre Schiffsreisen" von Gerard Piouffre erzählen nicht nur von Abenteuern und Entdeckungen, sondern auch davon, was notwendig ist, um scheinbare Hindernissen zu überwinden. Das Buch erschien 2009 im Frederking & Thaler Verlag.

Kapitel 1.3
Ein Praxisbuch, dass sich mit den vielen Anwendungsmöglichkeiten des Modells des Inneren Teams beschäftigt, ist das hier zitierte von Friedemann Schulz von Thun und Wibke Stegemann. **„Das innere Team in Aktion"** zeigt konkrete Einsatzfelder des Modells mit beispielhaften und doch wiedererkennbaren Ausformulierungen unterschiedlicher Stimmen, die das Leben mitgestalten.

Kapitel 2.1

Verena Ahne und Stefan A. Müller fassen in Ihrem kurzen Buch **„(fast) Alles über Forschung und Wissenschaft"** aus dem Jahr 2016 wichtige Ideen zu der Thematik zusammen. Herausgeber des Buches ist der Rat für Forschung und Technologieentwicklung, der vor allem darauf hinweist, dass (er)forschen niemals wirklich zu Ende geht.

Kapitel 2.2
Dankenswerterweise hat sich die Kulturwissenschaftlerin Katharina Kriegel-Schmidt der Herausgabe des Sammelbands **„Mediation als Wissenschaftszweig"** gewidmet. Dieser Band erschien 2016 im Springer Verlag und bringt die Vielfalt an Zugängen zur Mediation und deren Anwendung deutlich zum Ausdruck.

Kapitel 2.3
Der österreichische Soziologe stellt sich in seinem Grundlagenwerk **„Was ist Soziologie?"** der Herausforderung Soziologie seiner Großmutter zu erklären. Daher ist dieses Buch, das 2008 im facultas Verlag erschienen ist, auch gut für Einsteiger zu lesen. Besonders spannend dabei sind die Dialoge.

Kapitel 3.1
Der historische Roman **„Das Fräulein Mercedes – Mädchen erobert die Autowelt"** von Gunter Haug aus dem Jahr 2011 setzt sich besonders gut lesbar mit dem Wertewandel der letzten 100 Jahre auseinander. Es erschien im Masken-Verlag Friedrich Willmann.

David Gordon und Maribeth Meyers-Anderson fassen in dem Buch **„Phoenix"** die Lehren des Arztes und Therapeuten Milton H. Erickson zusammen. Anhand vieler Fallbeispiele zeigen sie auf, wie Menschen dazu angeleitet werden können, ein glücklicheres, erfüllteres und produktiveres Leben zu führen. Die bislang einzige deutsche Übersetzung des Buches erschien im Jahr 1981 im Isko-Press.

Kapitel 3.2
„Der Wille zum Schönen (Teil 1)" steht im Mittelpunkt des Buches von Michael Musalek. Das Buch erschien 2017 im Parodos Verlag.

Kapitel 3.3

Das hier verwendete Buch **„Die Kunst des Aquarells"** von Walter Koschatzky ist die zweite Auflage der Taschenbuchausgabe des Werkes. Es erschien im Juli 1986. Die erste Auflage erschien im Deutschen Taschenbuch Verlag im März 1985 und hatte eine Auflage von 15.000 Stück. Somit ist das Buch ein Klassiker für das Thema. Ausgehend von der Aquarellmalerei, ist ein Bezug zu jeder Art von Kunst – auch jener der Mediation - möglich.

Zum Ausklang

„Vertrauen schafft Sicherheit."
Oliver Jeschonek

Sicherheit und Vertrauen sind Themen, die wahrscheinlich an Bedeutung gewinnen werden. Daher scheint eine Auseinandersetzung mit ihnen durchaus nützlich. Jedoch hängt es auch von unterschiedlichen Zugängen ab, was jeder einzelne daraus ableiten kann. Wie schon zum Einstieg gibt es auch zum Ausklang eine Palette an Möglichkeiten, die beliebig erweitert werden kann.

Für Allwissende
Schön, dass Sie bis zu dieser Stelle gekommen sind.
Tipp: Sollten Sie – wider allen Erwartungen – zum Schluss gekommen sein, dass es zumindest eine Sache geben könnte, die Sie noch nicht wissen, empfiehlt es sich, die nachfolgenden Seiten noch zu lesen – wenn auch nur zur Bestätigung, dass Sie sich bei Ihrem Zweifel Ihres Wissens geirrt haben.

Für Suchende
Gehen Sie Ihre Notizen noch einmal durch und heben Sie jene Punkte besonders hervor, die entweder aktuell besonders wichtig sind oder in der Zukunft besonders wichtig sein könnten. Arbeiten Sie mit diesen (max. 3) Punkten weiter.
Tipp für Fortgeschrittene: Archivieren Sie alle Notizen in einer Form, damit Sie für Sie weiterhin gut zugänglich sind.

Für Verzweifelte
Überlegen Sie, in welchem Drama Sie sich gerade befinden. Wer ist sonst noch Opfer? Wer könnte Täter und Retter sein? Welche Ausstiegsszenarien – vor allem für Sie als Opfer – gibt es dazu?

Für Genaue
Einen besonderen Dank an Sie. Durch Geduld und Beharrlichkeit halten Sie nun ein Werk in der Hand, wie Sie Ihr ganz ganz persönliches ABENTEUER MEDIATION gestalten können.
Tipp: Gehen Sie die Punkte von Zeit zu Zeit durch und überlegen Sie, was davon noch aktuell ist und was Sie durch andere Überlegungen ersetzen sollten. Wenn nötig holen Sie sich noch Inspiration durch nochmaliges Lesen einzelner Textpassagen, Zitate oder Ihren eigenen verschriftlichten Notizen.

Diskrepanz schafft Kreativität. Freiheit, Mut und inspirierte Aktionen brauchen Unterschiede und Widerstände. Aneinander und miteinander wachsen geht nur durch die klare Auseinandersetzung mit den Reibepunkten in uns und mit unserem Umfeld. Kreativität entsteht durch das Ausloten, Überschreiten und Einhalten von Grenzen. Es ist ein SICH SELBST AUSPROBIEREN dürfen, ohne dass dabei Welten völlig zerstört werden. Befindlichkeiten zeigen uns und anderen den Weg, der mehr Freude, mehr Glück und mehr Erfüllung im eigenen Handeln bringt – es gilt allein, sie in diesem Sinne zu deuten und mediative Strategien im Umgang damit zu finden ...

Realität der Zukunft.
Eine Realität entsteht nicht allein dadurch, dass jemand allein eine Absicht verfolgt. Unabhängig, wie mächtig, wie stark oder wie gewaltig ein Mensch oder ein Vorhaben ist – reale Wirklichkeiten sind einerseits immer ein Frage der Perspektive, andererseits resultieren sie aus einem Abgleich von Absichten und Widerständen. Daher sind einseitige Ziele oder Vorhaben, die Meinungen oder Bedürfnisse von betroffenen Beteiligten ignorieren, in der Regel auf lange Sicht zum Scheitern verurteilt. Werden mögliche Widerstände vorab erkannt und als Ressource genutzt, so entsteht viel eher eine Realität, in der viele sich an ihrem Leben erfreuen können ...

Stärken leben. Es geht um Vertrauen und Sicherheit. Stärken betreffen nicht nur einzelne Handelnde. Werden diese sinnvoll gebündelt, können sie deutlich mehr erreichen als jemand alleine zu bewegen imstande ist. Deshalb ist die Kombination von Vertrauen und Sicherheit so wichtig. Selbst die besten und teuersten Sicherheitsmaßnahmen versagen, wenn ihnen das Vertrauen aberkannt wird, den gewünschten Effekt zu erreichen. Wechselseitige Unterstützung, Befähigung und Förderung hingegen helfen dabei, einen Weg in Vertrauen und Sicherheit zu finden. Dann sind Befindlichkeiten nicht mehr die Stolpersteine und Hindernisse auf dem Weg zu einem glücklichen, erfüllten und produktiven Leben, sondern unsere unverzichtbaren Wegweiser.

Selbsterkenntnis. Laut Herbert Oth ist die Frage nach Sicherheit und Vertrauen in unserem Leben auch eine Frage von Verstand und Herz(lichkeit). Sehr oft übernimmt der Verstand im Laufe eines Lebens die Rolle eines Schutzmantels – vor allem für die Herzlichkeit zu uns selbst. Dennoch – wir brauchen gerade die Herzlichkeit für eine innere Ausgeglichenheit und Zufriedenheit. Das Herz und die daraus entspringenden Gefühle leiten uns auf dem Weg zur Ehrlichkeit zu uns selbst. Dieser Weg ist wahrscheinlich einer der wichtigsten Wege für jeden von uns.

Die Welt
braucht ALLE
in voller Kraft und in voller Schönheit ...

Printed by Books on Demand GmbH, Norderstedt / Germany